RENAISSANCE Verlag Marburg

Die Autorin

Ingrid Grommé liest und schreibt seit ihrer frühen Kindheit. Der Kurzgeschichtenband „Der Coup seines Lebens“ ist ihre erste Veröffentlichung im Renaissance-Verlag Marburg.

INGRID GROMMÉ

DER COUP SEINES LEBENS

RENAISSANCE-VERLAG MARBURG

Bibliographische Information der Deutschen Nationalbibliothek
Die Deutsche Nationalbibliothek verzeichnet diese Publikation in der Deutschen Nationalbiographie; detaillierte bibliographische Daten sind im Internet über http://www.dnb.de abrufbar.

solmser str. 21 * 35578 wetzlar
info@renaissance-verlag.de
www.renaissance-verlag.de
redaktion: carsten s. leimbach (m.a.)
lektorat: tanja simonsen
readkation: carsten s. leimbach
umschlaggestaltung: lla & ppn-design
bildmotiv: LuXs, www.pixelio.de
made in germany
ISBN: 978-3-939442-86-8

Inhalt

In der Tradition der Väter

Die Sonne stand schon hoch am Himmel. Er führte die beiden zusammengebundenen Kamele am kurzen Strick hinter sich her. Die Reisenden waren abgestiegen und stapften mit knöchelhohen Wanderschuhen durch den Sand. Mustapha besaß keine Schuhe. Er setzte seine nackten verhornten Füße achtsam voreinander. Mit dem herunterhängenden Ende des zum Turban gewundenen Schals wischte er sich das Gesicht. Gleich würden sie ihre Mittagsrast machen.

Vor ihnen tauchte eine große Mulde zwischen den Dünen auf, an deren Rand ein Tamariskenbaum stand. Sie hielten an. Erfahrene Begleiter der Truppe zerrten sofort zwei Decken von einem der Kamele und breiteten sie in der untersten Lage der dürren Äste und Zweige aus, sodass sie ein Dach bildeten und den Teilnehmern der Safari kostbaren Schatten spendeten. Erschöpft hockten diese sich mit angezogenen Knien eng unter den Baum.

Die Kameltreiber nahmen nun den Tieren die Lasten ab. Dann hoben sie die hölzernen Sättel herunter, bauten damit ein Halbrund, in dem es später den Mittagsimbiss geben würde. Den Urlaubern, die dabei zusahen, lief salziger Schweiß in die Augen, und ihr Atem ging flach. "Menschen in der Wüste können auf jedem beliebigen Flecken in der Einsamkeit ein Zuhause zaubern", sagte einer.

Die Tunesier banden den Tieren die Vorderläufe locker zusammen und ließen sie frei, damit sie sich in den nächsten Stunden selbst etwas Futter suchen könnten. "Finden die denn überhaupt etwas?", rief die junge Frau rüber, die sie Aischa nannten. "Bien sûr", antwortete Hassan, der ein paar Worte Französisch sprach. "Hier gibt es Büschel von Wüstengras und allerlei trockenes Gestrüpp." – "Und wie ist das mit dem Trinken?"

"Zu trinken brauchen die jetzt nichts, vor Beginn der Safari haben wir sie randvoll abgefüllt. Ein großes Tier fasst 160 Liter."

Aischa, die eigentlich Elke hieß, sah im Geiste, wie die schönen braunen Männer vor der Reise Eimer um Eimer aus dem Brunnen hievten, um die Tiere mit Wasser zu versorgen. Wahnsinn. Sie seufzte und trank einen Schluck aus ihrer Plastikflasche. Zum Glück gab es für die Reisenden Mineralwasser.

Mustapha holte sich mit seinem großen verbeulten Blechbecher Wasser aus einem der mitgeführten Schläuche. – Später breitete er seinen

Gebetsteppich gen Osten, beugte sich tief vor Allah, dem Gnädigen, dem Barmherzigen, und sang mit seiner dünnen Altmännerstimme

"La ilaha illa-llah;
Muhammad Rasulullah – …

Allah, erhalte mir meinen letzten Sohn", bat er. "Lass ihn nicht auch wie seine Brüder ins Ausland gehen, um in einer Fabrik zu arbeiten. Was soll dann aus mir und meiner Frau werden? – Allah …, siehst du denn nicht, wie meine Kräfte mich verlassen? Die Arbeit wird zu schwer für mich! – Schenk mir eine gute Schwiegertochter und viele Enkel, lass mich in unserem Haus wohnen und meine Nachkommen aufwachsen sehen, während mein jüngster Sohn mein Geschäft weiterführt!"

Mustapha richtete sich auf und strich mit der Hand über seinen dichten Oberlippenbart, die buschigen Augenbrauen, die tiefeingegrabenen Falten in seiner stoppeligen Lederhaut, tastete nach den beiden noch verbliebenen Zähnen. Er seufzte.

Flimmernde Mittagshitze. Alle ruhten. Er breitete seinen Umhang auf dem Boden aus, rollte sich darauf zusammen, zog einen Zipfel des Stoffes als Schutz über sein Gesicht.

Im Traum sah er seine Vorfahren durch die Wüste ziehen, Beduinen mit ihren Tieren auf der Suche nach Weidegrund, wandernd von Platz zu Platz … – bis sie eines Tages sesshaft wurden und mit der Kamelzucht begannen. Mit ihren Tieren ließen sie sich anmieten von Karawanenführern. Ein Tier – manchmal auch zwei, zusammengebunden, – ein Kamelführer. Ein anstrengendes abenteuerliches Leben. Kamele züchten und Karawanen begleiten, das war es schließlich, was er gelernt hatte. Er konnte weder lesen noch schreiben.

Auch als er wieder wach war, ließen ihn die Gedanken nicht los. Die Zeit war weitergegangen. Seine Söhne hatte er zur Schule geschickt. Die Gefahr war jetzt, dass auch der Jüngste unruhig würde und wie die Brüder ins Ausland wollte. Er würde ihm im Auge behalten müssen. Und außerdem, dachte er, Rachid hat so was … Er bewegt sich geschmeidig wie eine Gazelle, seine Haut ist makellos und weich wie Samt, die Augen glühen wie Feuerkohlen in der dunkelsten Nacht. Hoffentlich fällt er keiner Touristin in die Hände.

In diesem Augenblick stand der Junge gerade so dicht vor Fatima, die eigentlich Susanne hieß, dass sie seinen Atem spüren musste. Mit zärtlichen Berührungen band er ihr den Beduinenschal neu zum Turban.

"Du bist süß!", seufzte sie, nahm sein Gesicht zwischen ihre Hände und drückte ihm einen Kuss auf die Stirn. "Am liebsten würde ich dich mit nach Hause nehmen."

Mustapha verstand den Wortlaut nicht und verstand trotzdem alles. Gefahr lag in der Luft …

Abends saßen sie am Lagerfeuer, auf der Seite der im Halbrund aufgebauten Kamelsättel die acht Reiseteilnehmer, ihnen gegenüber die sechs Kameltreiber und der Koch.

Im Lichtschein, der flackernd über die Gesichter huschte, sah Mustapha, dass dort, wo sich der Kreis schloss, Rachid dicht neben Fatima hockte!!!

Der Koch richtete an einem Gestell den Suppenkessel über der Glut, schüttete einen ordentlichen Schuss Öl hinein, gab grob zerkleinerte Zwiebeln, Kartoffeln, Kohl, Paprika und Tomaten hinzu, rührte, würzte, schmeckte ab, es dauerte eine Ewigkeit, und alle schauten fasziniert zu.

Am Rande der Runde buk einer der jungen Kameltreiber in heißer Asche ein Fladenbrot, klopfte es wie einen Teppich, damit der Sand abfiel, kratzte die letzten Steinchen heraus …

Rachid stand auf und reichte jedem Reisenden mit liebenswürdiger Verbeugung einen Teller Suppe und ein Stück Brot.
Danach nötigte der Koch jeden Einzelnen, nachzunehmen, so lange er wollte, und was dann übrig blieb, schüttete Youssef in ein großes tablettähnliches Blechgefäß mit hohem Rand. Jetzt waren die Beduinen an der Reihe, rutschten rundherum, tunkten Brot ein und aßen gemeinsam die Reste.

Danach erhielt jeder Reisende einen Becher Pfefferminztee und jeder Tunesier ein winzig kleines Glas mit einem extra-starken Gebräu aus grünem Tee plus Minze, zu giftig für Europäer, berauschend für Nordafrikaner. Und berauscht schienen sie jetzt auch zu sein. Direkt nach dem Spülen drehten sie den Topf und das Blechtablett um und nutzten diese als Trommeln, während sie in ansteigenden Rhythmen aus rauen Kehlen zum Lobe Allahs sangen.

Mustapha sah, dass Rachid in Glut geriet, während Fatimas Augen an ihm hingen!!!

Später tanzten die jungen Leute barfuß im Sand … – da!
Ein gellender Schrei! – Der junge Mann, den sie Ali nannten, war auf einen Skorpion getreten und gestochen worden.

"Schnell, schnell!", rief Mustapha den Jungen zu. "Holt die Medizinkiste!" – Sie hatten eine Blechkiste mit, so groß wie eine Fußbank, mit einem aufgedruckten roten Kreuz, das war Vorschrift bei solchen Safaris, Hassan rannte los und brachte sie, sie knieten darüber und öffneten sie … sprachloses Entsetzen! Die Kiste war dicht vollgestopft mit Zigarettenpackungen. Keine Spur von Medizin. Keine Spur von Verbandsstoffen. Ali lag derweil wie ein auf dem Rücken liegender Käfer im Sand, umklammerte ein angewinkeltes Bein und rollte stöhnend hin und her.

"Tee, gebt ihm Tee", schrie Mustapha, und diesmal war das dunkle bittere Gebräu die Rettung für einen Weißen. "Sein Herz darf nicht aussetzen! Der Schmerz alleine kann weniger Starken das Herz zum Stillstand bringen."

Nachts zogen alle Reisenden mit ihrem Schlafsack unter den freien Himmel. Der Gepeinigte hatte das große Beduinenzelt für sich allein. Das Nervengift in ihm tat ganze Arbeit. Er wimmerte ohne Ende.

Mustapha fand schnell denjenigen, der die Rote-Kreuz-Kiste für seine Zwecke umgepackt hatte. Es war Rachid, der jüngste Sohn. Er hatte sich ein Geschäft ausgerechnet. Den Safari-Teilnehmern würden erfahrungsgemäß bald die Zigaretten ausgehen, dann wollte er ordentlich Gewinn machen aus seinen geheimen Vorräten. "Ich brauche Geld für meine Zukunft", sagte er. "Ich will doch weiterkommen. Glaubst du, ich wollte mein ganzes Leben lang neben einem Kamel herlaufen?"

Der Stachel saß tief in Mustaphas Seele. Hatte er doch draußen in der Wüste eine Gruppe von Zuchtstuten stehen. War doch sein Geschäft auf Zukunft aufgebaut. Eigentlich wollte er stolz auf sich sein, auf das, was er geschafft hatte, auf das, was er weitergeben konnte, was er bald weitergeben wollte ...
Und – Rachid wollte es wirklich nicht haben???

Vater und Sohn sprachen den ganzen nächsten Tag nicht miteinander. Sie wurden wach beim ersten fahlen Morgengrau, zogen fröstelnd los und suchten jeweils ihre eigenen Tiere.

Draußen, in der unendlichen Weite, als der Alte allein war unter dem aufziehenden Morgenrot, erfüllte bittersüße Traurigkeit sein Herz. Zwei Kräfte rissen an entgegengesetzten Enden an seinem Herzen. Einerseits stand er wie jeden Morgen durchflutet von Glück vor der ungeheuren Schönheit von Allahs Schöpfung, andererseits beschlich ihn ein furchtbarer Zweifel: Sollte alles, was er bisher getan hatte, sinnlos gewesen sein?

Hatte er es nicht geschafft, seinem Sohn die Liebe zur Wüste zu vermitteln? Würde Rachid als Niemand in einem riesengroßen Häusermeer einer europäischen Stadt untergehen? Alles vergessen, was er gelernt hatte? Alles verleugnen, was hier in seiner Heimat von Wert war?

Die Sonne schob sich als riesiger Ball goldglühend über den Horizont. Die Luft war voller Heiligkeit. Ein Skarabäus krabbelte eilig über den Sand. Er hinterließ ein wunderschönes Muster. Skarabäus – Glücksbringer. Bring mir Glück, dachte Mustapha inbrünstig. Bitte, bring mir Glück!

Die Tiere am Strick, kehrte Mustapha zum Frühstück zurück. Die jungen Männer hatten schon Brot gebacken und Kaffee gekocht. Mustapha setzte sich ein bisschen abseits, trank seinen Becher leer, kaute verdrossen auf dem Kaffeesatz und schwieg vor sich hin.

Der heutige Tag war besonders anstrengend. Sie gingen in ein Gebiet mit bis zu 200 Meter hohen Dünen. In diesem Sandmeer hatten die Tiere Angst. Immer, wenn sie auf einer Höhe angekommen waren, bockten sie vor dem folgenden Abhang, der wie der Abbruch einer hochgepeitschten Welle schien. Hartnäckig blieben sie stehen. Mustapha stapfte jeweils für den ersten Abwärtsschritt eine Partie Sand mit seinen Füßen fest und zog die Tiere vorsichtig über den Gipfel, dann parallel zum Dünenkamm und in Haarnadelkurven serpentinenartig abwärts.

Abends waren alle zu Tode erschöpft. Die Safari-Teilnehmer hatten sich hundertmal vor plötzlichen Abstiegen gefürchtet.
Um nicht vornüber zu schießen, wenn die Tiere nach langem Sich-Sperren ganz plötzlich mit schmerzenden Lippen – denn da war der Strick befestigt – loshasteten, mussten die Reisenden sich weit nach hinten lehnen. Sie hatten Muskelkater und genug von allem und gingen früh in ihre Schlafsäcke.

Mustapha saß zusammengesunken am Feuer. Seine Kraft war verbraucht. Gut, dass sie die Tour bald geschafft hatten.

Rachid berührte ihn leicht am Arm: "Vater, können wir miteinander sprechen?"

Der Alte bewegte sich nicht, aber sein Jüngster fuhr fort:
"Ich möchte dir meine Zukunftspläne erklären."

Mustapha schien noch weiter zusammenzufallen. Ein kalter Windstoß fachte das Feuer aufs Neue an, ließ die Funken sprühen.

Käfer, angezogen vom Licht, stürzten sich in die Flammen, es hörte sich an, wie ein explodierender Punkt, wenn ihre Hornpanzer verbrannten.

"Als ich so alt war wie du", fing Mustapha plötzlich an, "da haben mir meine Eltern eine Braut gekauft. Das war die Sitte. Schließlich musste ich Frau, Kinder und die Alten ernähren. Ich habe immer treu in der Tradition der Väter gelebt. Womit habe ich es verdient, dass mein letzter Sohn uns einfach verlässt?"

"Ich verlasse euch doch gar nicht!"

"Ach, wer hat denn gesagt, dass er nicht ewig neben einem Kamel herlaufen will?"

"Warte bis morgen, Vater, dann wirst du alles verstehen!"

Am nächsten Tag tat sich ihnen eine neue Landschaft auf. Stunde um Stunde schwankten die Kamele über flaches, steppenähnliches Gelände. Jeden Schritt spürten die Reiter als harten Stoß. Endlich am Ziel angekommen, rieben sie sich ihre Rückseite.

"Ich bin ja so froh, dass es mit Jeeps weitergeht", seufzte Fatima. "Es tut mir nur leid, dass ich von dir Abschied nehmen muss." Sie fiel Rachid lange und gründlich um den Hals und weinte wie schon viele Touristinnen vor ihr an seiner Schulter …

Es dauerte nicht lange, da hörten sie auch schon ausgelassenes Hupen. Zwei Mitsubishis tauchten auf, hielten knirschend vor ihrem Lager.

Ahmed, der erste Fahrer, wechselte, fröhlich in die Runde winkend, auf den Beifahrersitz, Rachid sprang hinter das Steuer, und unter Gejohle fuhren sie los, umkurvten einzelne Grasbüschel und dornige Sträucher, drehten ihr Radio laut, winkten ausgelassen mit der Hand aus dem offenen Dach.

"Das ist es!!! …" jubelte Rachid.

Sie hielten direkt vor Mustapha, sprangen aus dem Wagen: "Wir haben schon öfters geübt!" – Ahmed verneigte sich mit großer Geste bis zum Boden: "Verehrter Onkel, ich habe deinen Jüngsten für unsere Agentur abgeworben. Sie bilden Jeep-Fahrer für die Safari-Touren aus. Und sie nehmen nur wüstenerfahrene Männer, die in der Tradition der Väter großgeworden sind." –

Youssef winkte sie zu frischgekochtem starken Tee zu sich herüber. Mustapha erwachte nach den ersten Schlucken aus seiner Starre. "Dann gehst du also nicht ins Ausland?", fragte er.

"Nein, ich bleibe bei euch, Vater, das habe ich dir doch gesagt! Ich werde bald heiraten. Dann haben wir eine junge Frau im Haus. Und ihr könnt euch ausruhen."

Ich kann meinen Traum wieder träumen, dachte Mustapha, kniff die Augen fest zu und sah hinter geschlossenen Lidern das so oft heraufbeschworene Bild, wie er im Innenhof seines Hauses halbaufgestützt auf seiner Matratze liegen und glücklich den spielenden Enkeln zuschauen würde … Später werde ich meine Zuchtstuten verkaufen und ihm Geld für sein eigenes Geschäft geben. Für den modernen Tourismus mit Jeeps.

Ich auch, ich nicht

Das Wort fiel zum ersten Mal in der Cafeteria des Altenheims, in der sie sich zum Mittagessen trafen.

Die alten Damen befragten Frau Blasius anteilnehmend nach dem Wohlergehen ihrer Nachbarin. „Ach, die Untersuchungen im Krankenhaus hat sie nun überstanden; aber die finden einfach nichts. Und jetzt ist sie noch sehr geschwächt."

Frau Meier ist sehr geschwächt, dachte die kleine Paula, machte ein strenges Gesicht und sog hörbar die Luft ein. Ich bin auch geschwächt. Ich bin schließlich die Älteste hier. Aber wer fragt schon danach?

Heute war sie wirklich besonders müde. Es war Vollmond. In solchen Nächten konnte sie immer schlecht schlafen. Sie wanderte dann durch die Wohnung, trank ein Glas Wasser, legte sich wieder hin, stand noch mal auf, dachte, sie hätte Hunger, aß eine Scheibe Knäckebrot, musste dann die Zähne herausnehmen und von Krümeln reinigen, legte sich wieder hin, bekam dieses furchtbare Jucken, das sie immer bei Unlustgefühlen überfiel.

Geschwächt, geschwächt, geschwächt .., immer noch schwirrte dieses Wort in ihrem Gehirn umher, und wie ein Computervirus, der nach und nach alle Programme angreift und verändert, so zersetzte dieser Begriff langsam aber stetig ihre klare Übersicht über die Dinge.

Dass sie schlicht und einfach müde war, das nannte sie nun geschwächt. Wenn die kleine Faulheit sie packte, und sie lieber ein bisschen herumsitzen wollte, statt aufzuräumen, dann dachte sie, ich bin ja so geschwächt. Sie ließ Geschirr rumstehen, Krümel auf der

Tischdecke und Heruntergefallenes auf dem Boden liegen, Blumen wurden nicht mehr gegossen, *ich bin ja so geschwächt.*

Die erwachsenen Kinder besuchten sie. „Wie geht es dir, Mutter?"

„Ich bin ja so geschwächt."

„Warum?"

„Ich weiß es auch nicht. Aber man darf das Alter nicht vergessen."

Der Schwäche-Virus arbeitete weiter. Paula verlor den Glanz aus den Augen. Ihr Gang wurde schlurfend. Sie setzte die Perücke nachlässig auf.

Das Essen ließ sie sich jetzt bringen. „Ich schaffe den Weg nicht mehr über die Straße."

Allein am Tisch schmeckte das Essen natürlich nicht. Also ging der größte Teil wieder zurück. Paula verlor an Gewicht. Der Virus arbeitete weiter. *Ich bin ja so geschwächt.*

Schließlich schaffte sie es nicht mehr, dann, wenn ein kleines Unwohlsein sie überfiel, sich still hinzusetzen, Herztropfen zu nehmen und abzuwarten. Sie ließ es zu, dass ihr schlecht wurde. Sie fiel häufig hin. *Ich bin ja so geschwächt.*

„So kann das nicht weitergehen!" Die erwachsenen Kinder sorgten für eine Notrufeinrichtung und für eine tägliche Pflege.

„Das steht mir schließlich auch zu," sagte Paula mit spitzem Mund. Die anderen sind auch alle in irgendeiner Pflegestufe.
Und i c h habe die Kasse bisher noch nicht viel gekostet."

Sie genoss den neuen Zustand. Schwester Anne weckte sie morgens mit einer freundlichen sachten Berührung an der Wange, wartete geduldig, bis sie richtig wach war, half ihr aus dem Bett, stützte sie bis zum Bad, war beruhigend anwesend bei allen Ritualen, und was das Beste war, sie duschte sie, seifte ihr den Rücken, den Paula schon lange nur noch mit Verrenkungen und langstieliger Badebürste erreicht hatte, und pflegte ihre Füße, während sie auf dem kleinen Klappsitz saß.

Paula ließ sich eincremen, all die vielen Stellen mit super-trockener Haut, die ihr vornehmlich nachts in der Bettwärme das gefürchtete Alters- und Unlustjucken bescherten. Schwester Annes warme Hand kreiste freundlich, wo es nötig war. Menschenwärme tut ja so gut!

Endlich werde ich auch einmal so bedient wie die anderen, dachte Paula. Ich bin ja so geschwächt.

„Jetzt helfe ich Ihnen in Ihre Rüstung", sagte Schwester Anne und zog ihr das Stahlkorsett an. Tausend kleine Häkchen waren zu schließen. Dann der Büstenhalter, übers Hemd, weil das weicher ist!

„Setzen Sie sich mal ruhig auf die Bettkante. So, nun sind die Strümpfe dran." Anne rollte sie mit geübter Hand zügig hoch, befestigte die Strumpfknöpfchen.

„Sie müssen vorsichtig sein und nichts kaputt machen", sagte Paula. „Strumpfknöpfchen gibt es nicht mehr überall. Meine Tochter war schon in der ganzen Stadt deswegen unterwegs. Eine einzige Stelle gibt es noch ..."

„Und wie ist es mit Strumpfhosen? Die sind doch viel moderner!"

„Nein", sagte Paula mit Bestimmtheit. „Ich will frische Luft ans Dicke vom Bein!"

Bei so viel Sturheit wechselte Anne für eine Weile zur Krankenschwestern-Wir-Sprache: „So, und jetzt setzen wir unser Gebiss ein ... – klack – klack – prima! Nun die Perücke, Moment, Moment, ich muss die noch ein bisschen geraderücken!"

Sie trat einen Schritt zurück. „Jetzt sind wir wieder schön!"

Danach schüttete sie durchs Tassenfilter die eine Tasse Kaffee auf, die morgens gewünscht war. „Möchten Sie eine dicke Scheibe Rosinensemmel?"

„Ja, mit guter Butter bitte! Und dazu noch eine Scheibe Schwarzbrot. Schwarzbrot brauche ich nämlich für meine Verdauung."

Schwester Anne hatte alles bestens vorbereitet und verabschiedete sich in berufsmäßig-freundlichem Ton „Einen schönen Tag wünsche ich Ihnen. Tschüs, bis morgen!"

Und so ging das nun tagein, tagaus.

Paulas erwachsene Kinder waren von Herzen froh, dass die Mutter so gut versorgt wurde. Immer konnten sie ja nicht anwesend sein. „Und sie wird ja schließlich auch älter! – Wer weiss, wie es u n s eines Tages ergehen wird?!"

Schwester Anne und Paula kamen bei der Morgentoilette mehr und mehr ins Gespräch.

Während sie Paula abseifte, erzählte Anne eines Tages, dass sie alleine lebte, und dass sie sich ganz besonders darauf freute, dass ihr Bruder sie bald mal besuchen würde. „Er ist zwei Jahre jünger als ich und sage und schreibe über 1,90 m groß. Ein schöner Mann! Sie sollten ihn mal sehen. Ja, er hat den gleichen Beruf wie ich, er ist auch Altenpfleger."

Paula – unter der Dusche ohne Hörgerät – verstand:

Junger Mann – Altenpfleger – kommt demnächst.

Um Himmelswillen, dachte sie. Dass man uns das antut! Das ist doch wirklich schamlos! Ein junger Mann soll die alten Frauen waschen und anziehen?! Nicht mit mir!!!

Kaum war Schwester Anne aus der Wohnung, griff Paula zum Telefonhörer, drückte die Taste für die Pflegestation, meldete sich mit barscher Stimme: „Ich wollte Ihnen nur sagen, ich bin wieder gesund!" Sie übertönte die besorgte Frage vom anderen Ende der Leitung, „Nein, nein, nein, nein, nein, ich brauche keine Pflege mehr! Dass mir keiner mehr ins Haus kommt!!!"

Sie kochte vor Wut. Adrenalin kreiste in ihren Adern, das Herz fing an zu rasen, dieser gerade erst so schlappe und elende Muskel klopfte mit Wucht, hier bin ich, und wehe, mir kommt einer zu nahe!

Als ihre Kinder sie besuchten, ging sie schon wieder mit energischen Schritten ohne Stock. Der Körper hatte sich aufgerichtet. Die Perücke saß adrett. „Es ist, als ob ein Wunder geschehen wäre," sagten sie staunend.

Ein großes Haus

Patsy kreuzte die Arme vor der Brust, zog die Schultern hoch und versuchte, sich die Oberarme warm zu reiben. Es war noch sehr kalt im Esszimmer, in dem sie auf ihre Schwiegermutter wartete. Schließlich kam Henrietta herein. Sie hatte schon die ersten Aufgaben der Hausherrin erledigt und begrüßte jetzt freundlich, aber distanziert, die junge Frau ihres Erstgeborenen. Heute würde DIE AUSBILDUNG beginnen. Zurück von der Hochzeitsreise sollte Patsy nach und nach von der Mutter ihres Mannes lernen, wie man ein großes Haus führt.

Die junge Frau kam selbst aus besten Verhältnissen. Aber nach der Schule hatte sie nur noch kurze Zeit zu Hause zugebracht. Sie hatte Musik-, Sprach- und Malunterricht genossen und im Übrigen ihren geliebten Vater oft auf seinen Reisen begleitet. Von Haushaltsführung hatte sie nicht die leiseste Ahnung.

Patsy war eine ungezähmte burschikose junge Frau, eine Vatertochter eben, die die fehlenden Söhne ersetzt hatte und die dieses Maß an innerer und äußerer Freiheit genossen hatte, das normalerweise – wenn diese vorhanden waren – nur Brüdern zuteilwürde. Innerlich musste sie lachen, als sie dachte, dass sie nun *kultiviert* werden sollte.

Ihr Mann hatte schon in seinem Arbeitszimmer gefrühstückt.

Für ihre Schwiegermutter und sie war der runde Mahagonitisch, nur geschützt durch Sets, gedeckt mit edlem Wedgwood-Porzellan. Zucker und Milch standen in echten Silbergefäßen auf silbernem Tablett, das kostbare Besteck strahlte im Silberglanz, in der Mitte des Tisches leuchteten üppig arrangierte gelbe Tulpen aus einer Kristallvase. Patsy genoss das. Sie liebte alles Schöne.

Das Mädchen mit Häubchen und gestärktem Servierschürzchen brachte lautlos Eier und gebratenen Schinken mit weißen Bohnen. Ach ja, wenigstens *das* würde sie ein bisschen wärmen!

Das Gespräch war belanglos. Henrietta fragte nur kurz nach Einzelheiten der Reise, aber gar nicht, ob sie, Patsy, glücklich wäre. Darüber sprach man nicht. In England gab es stattdessen als ewig unverfängliches Thema ‚das Wetter'.

„Ja, es ist für die Jahreszeit noch außerordentlich kalt. Aber im Winter erst! Dann sind die Schlafzimmerscheiben voller Eisblumen, und das Wasser auf dem Waschtisch gefriert in den Krügen."

Henrietta wies ihr nach dem Frühstück die erste Arbeit zu. „Es gibt eine große Zahl von Pflichten, die morgens zu erledigen sind. Wir werden der besseren Übersicht halber Tag für Tag eine einzelne Aufgabe herausziehen, damit sie dir bewusst wird." Henrietta legte eine Kladde und einen Stift auf den Tisch.
Hier, du solltest dir alles aufschreiben, was du lernst, damit du eines Tages die Übersicht hast."

Patsy musste trotz des reichlich vorhandenen Personals das Geschirr selber spülen. „Das ist wichtig, damit vom guten Service nichts zerbricht. Ich würde niemals den einfachen Mädchen vom Lande mein kostbares Wedgwood anvertrauen. – Übrigens, in der Küche hängen unterschiedliche Handtücher. Die weißen Gerstenkorn-Handtücher sind für die Hausfrau bestimmt, die grauen fürs Personal."

Patsy ging in die Souterrain-Küche, und dort fühlte sie sich richtig wohl. Hier war es schön warm. Im Hintergrund lachten die Mädchen. Die junge Frau hatte allerdings noch den Rat im Ohr: „Mit den einfachen Leuten darfst du dich niemals gemeinmachen. Du musst immer Abstand bewahren, sonst würden sie dir eines Tages auf der Nase herumtanzen." Also hantierte sie, in Gedanken versunken, still und allein am Spülstein.

Nach einer Weile kam die Hausherrin hinunter. Sie zählte das gespülte Silberbesteck in die vorgesehenen Kästen und ließ diese in den Nebenraum tragen, wo sie sie eigenhändig in den entsprechenden Schrank einschloss.

Mit großen Augen sah Patsy zu, wie wirklich alles, was wertvoll war, von Henrietta unter Verschluss genommen wurde: das gute Porzellan, die silbernen Dosen für Zucker und Milch, und ebenso die echt-leinenen Sets.

„In einem Haus mit Personal ist es die Hauptaufgabe der Hausfrau, darauf zu achten, dass die Werte erhalten bleiben. Ohne Aufsicht wäre in kürzester Zeit aller Besitz verschmutzt, beschädigt, verloren ..."

Patsy seufzte. Sie beschäftigte sich lieber mit ihrem geistigen Besitz, ihren Gedanken, ihren Büchern.

– Aber, es dauerte nicht lange, da sagte Henrietta: „Du solltest keine Philosophen lesen! So etwas tun Frauen nicht!" Dabei hatte Patsy immer mit Begeisterung zugehört, wenn zu Hause ihr Vater mit anderen Männern über Gott und die Welt diskutiert hatte. Es gab Fragen ohne Ende, und sie würde nicht aufhören, nach Lösungen zu suchen!!!

„Warum sollen Frauen denn keine Philosophen lesen?" – „Weil sie über andere Dinge nachdenken sollen." – „Zum Beispiel?" – „Sie sollen alles daran setzen, für ihren Mann schön zu sein. – Du solltest auch lieber, statt zu lesen, nach dem Essen ein wenig im Garten auf- und abgehen. Die Bewegung hält dich gesund, und außerdem musst du ausgeruht und frisch sein, wenn dein Mann nach Hause kommt."

Ausgerechnet an diesem Tag kam ihr Mann, leicht schwankend übrigens, erst mitten in der Nacht nach Hause. Er hatte geschäftliche Verpflichtungen gehabt. Das wiederholte sich dann mehrere Tage auf der Reihe. Schließlich beklagte sich Patsy morgens beim Frühstück: „Das ist doch nicht gerecht. William hat jede Menge Abwechslung, Gespräche, Besuche; er geht aus, trinkt, feiert, und ich sitze hier in einem einsamen kalten Haus herum, frischgewaschen und wohl-duftend, in schönen Kleidern, gut frisiert, ausgeruht, und alles, was ich tun kann, ist warten, warten, warten ..."

„Es kommt nicht darauf an, meine Liebe, ob *du* glücklich bist. Wichtig ist, dass *der Mann* glücklich ist!", antwortete Henrietta spitz.

Das Wetter wurde besser. Jeden Morgen ging Patsy nun in aller Frühe in den Garten, lauschte dem fröhlichen Vogelgezwitscher, roch den Tau auf der Wiese, fühlte die Kühle im Gesicht, schnitt bei Bedarf Arme voller Blumen, Gräser, biegsame Zweige, dekorierte mit Liebe die beiden symmetrisch auf dem Kamin angeordneten Vasen.

Die Zeit ging aber auch weiter mit den banalen Pflichten. Sie lernte es, zu beaufsichtigen, wenn die Schlafräume gerichtet wurden. Das war ein ungeheurer Aufwand:

Zunächst mussten eventuell benutzte Nachtgeschirre geleert und gesäubert werden. Dann wurden zwei Stühle unter die Fenster geschoben, und *zwei* Mädchen waren nötig, um die warme Zudecke glatt darüber auszubreiten, darüber, auf Viertel gelegt, das Unterbetttuch, dann das obere Betttuch mit dem gestickten Umlegerand und die Kopfkissen. Jeden Tag mussten die dreigeteilten Kapokmatratzen aufgeschüttelt, senkrecht stehend gelüftet und dann umsortiert wieder eingelegt werden. – Beim Bettenmachen war es wichtig, den großen Saum vom unteren Bettuch nach oben zu legen, und die linke Seite zur Matratze hin. Das obere Bettuch musste mit der linken Seite zur Zudecke hin gelegt werden. Die Kopfkissen trugen in der ersten Woche die gestickte Seite vorne, in der zweiten Woche nach hinten, damit der Verschleiß gleichmäßiger war. – Die Mädchen mussten dann gebrauchte Gefäße leeren, Waschtisch mit Kanne und Schüssel reinigen, frisches Wasser in die Kanne füllen.

„Welch ein Umstand!", dachte Patsy. „Solche blödsinnige Hausarbeit nimmt den Menschen wertvolle Lebenszeit!" Aber laut sagen durfte sie das natürlich nicht.

Die Reinigungsarbeiten im Haus liefen nach festem Plan. Denken musste man dabei überhaupt nicht mehr. Ob es nötig war oder nicht, in gleichmäßigen Abständen wurden immer und immer wieder die nicht endenwollenden komplizierten Reinigungsarbeiten an Fenstern und Böden, Möbeln, Messingteilen, Vorhängen, Lampen usw. ausgeführt. Deswegen war es vormittags zu Hause eigentlich nie wohnlich und schön. Es gab Durchzug, laute Befehle, den Geruch von Staub, Bohnerwachs und Dienstmädchen-Schweiß.

Alle sechs Wochen kam die Wäscherin ins Haus. Für sie wurde das Brot am Dienstbotentisch doppelt dick geschnitten. Patsy sah es mit Staunen; aber bald musste sie selbst die höhere Mathematik des Haushalts lernen. Welche Mengen und was braucht man für die Herrschaften, für die Dienstmädchen, für die Waschfrau, für die Näherin, die ins Haus kommt?

Henrietta schrieb an ihrem Sekretär genaue Einkaufszettel, überwachte, was ins Haus kam, rechnete sorgsam mit dem Mädchen ab, schloss Vorräte weg, gab frühmorgens das genau berechnete erforderliche Maß an Nahrungsmitteln für den Tag aus, schloss nach den Mahlzeiten übergebliebene Reste weg. Die Hilfskräfte bekamen nie etwas Gutes, keinen Kuchen, kein Gebäck, nur derbes Brot, und das war, wie die Regel mit der Waschfrau zeigte, je nach erforderlichem körperlichen Kraftaufwand dick oder dicker geschnitten.

Patsy machte sich fleißig Notizen in ihrer Kladde. Aber als die Reihe schließlich an sie kam, und sie für eine Woche die Verantwortung für den Haushaltsbedarf an Einkäufen übernehmen sollte, wurde sie fast krank vor Angst. Nach sieben Tagen müsste sie schließlich Rechenschaft ablegen für jeden ausgegebenen Pfennig. Und, ehrlich gesagt, sie kannte auch noch nicht allzu viel Rezepte, musste sich auf die Köchin verlassen.

„Patricia!", sagte hochoffiziell Henrietta nach der abgelaufenen Zeit. „So geht das nicht! Du wirfst das Geld deines Mannes mit beiden Händen zum Fenster hinaus! Du musst das Gemüse der Jahreszeit einkaufen lassen, nichts Exotisches! Und du musst die Reste besser verwerten. Altes Brot zum Beispiel reicht immer noch für Brotsuppe für die Dienstboten."

In der nächsten Woche machte Henrietta es ihr noch einmal vor. Dann war Patsy wieder an der Reihe. Sie hatte jetzt mit mehr Verstand den Ablauf beobachtet. Und sie hatte noch im Ohr: „Im Einkauf liegt der Segen." Also feilschte sie ausgiebig mit Händlern an der Türe, ging in der Frühe – drei Schritte vor dem Mädchen her, das den Korb am Arm trug – zum Markt, um sich die Übersicht zu verschaffen. Sie dachte ständig über Resteverwertung nach. Essensreste wurden zu Salaten, Suppen, Aufläufen. Das war eigentlich etwas, was ihr richtig Spaß machte: Das Denken, sonst verpönt, war in der Hauswirtschaft *doch* unumgänglich! Verrückt!

Viele Aufgaben hatte sie nun schon zu erfüllen, und sie lief morgens behände zwischen Souterrain-Küche, Salon im Erdgeschoss, den Schlafräumen im ersten Stock, den Dienstbotenstuben im zweiten Stock, hin und her. Henrietta hörte ihren Schritt und sagte: „Eine Dame geht immer langsam. Du darfst nicht rennen!"

Und dann fragte sie doch tatsächlich eines Tages: „Warum bekommst du noch kein Kind?" Niemand hatte Patsy je erklärt, wie man eins bekommt. Höhere Töchter der viktorianischen Zeit schickte man völlig ahnungslos in die Ehe. Aber dann mussten doch auch indiskrete Bemerkungen tabu sein? – Patsy machte ein strenges Gesicht und gab keine Antwort.

Eigentlich musste sie sich selbst noch kennenlernen. Dieses große fremde Haus in einer fremden Stadt. All die Regeln. Der Mann oft verreist. Ihr fehlte Wärme. Anerkennung. Echtes Zwiegespräch. Und schließlich, im Haus, das ihr Mann geerbt hatte, war doch sie die Hauptperson und nicht Henrietta, die Schwiegermutter? Auf Dauer musste das geregelt werden. Sie konnte nur aufrecht gehen, wenn sie auch entsprechend respektiert wurde.

Patsy, nicht wirklich glücklich, reagierte zunehmend gereizt auf die Monotonie des Alltags, auf das enge Netz der Regeln und Verpflichtungen, auf die Erwartungshaltung all derer, die sie umgaben: „Wann kommt endlich ein Kind?“, auf die Hirnlosigkeit der Damen, die zum Tee kamen und nur über Mode, Haushalt, Handarbeiten sprachen. Ach, alles dieses *Man muss ..., man darf nicht ..., man sollte aber ..., man tut nicht ...* Sie meinte, fast an diesem Seelenpanzer ersticken zu müssen.

Einmal im Monat verursachten ihre Hormonschwankungen, dass sie von einer blitzenden Aggressivität überflutet wurde, die alle Regeln des anerzogenen Bravseins hinwegspülte. In einer solchen Phase – die Schwiegermutter war für ein paar Tage verreist – nutzte sie ihr Alleinsein, um eine Kutsche zu bestellen, die sie aufs Land fahren sollte. – Ein paar Weisungen an die Angestellten, eine knappe Mitteilung an ihren Mann, *‚Ich habe mir selbst für eine Weile Alleinsein verordnet. Mach Dir keine Sorgen. Suche mich nicht. Ich komme wieder. Patsy.’*

Draußen, in Wotton-under-Edge, hatte ihre Familie ein Cottage als kleines Sommerhäuschen. Der Schlüssel war immer bei dem Verwalter-Ehepaar im Dorf. Sie liebte diese Leute seit ihren Kindertagen und würde deren Hilfe in Anspruch nehmen.

Als sie Pferdegetrappel vor dem Haus hörte, eilte sie die Stufen runter. Der Kutscher verstaute ihre lederne Reisetasche, und sie raffte ihre Röcke, hievte sich hoch und ließ sich erleichtert auf die Sitzbank fallen. Los ging’s.

Ihr Herz raste wie verrückt. Sie hatte es geschafft! Sie hatte etwas geschafft! Sie hatte es geschafft, etwas für sich selbst zu veranlassen, was ihr ihre Seele zurückgeben würde! Sie hätte laut singen können!

Bis zu dem Dorf war es von Bristol aus gar nicht so weit. Mittags schon waren sie da. Schmuddelige barfüßige Kinder kamen über die lehmige Hauptstraße angerannt und scharten sich staunend um die Kutsche, wunderten sich, dass tatsächlich jemand in ihren Ort kam, eine richtige Dame, fein, mit langem Kleid und Hut.

Patsy lächelte sie an und ging ins Haus der Verwalter. – „Setz dich, liebe Patsy, und trink' einen Tee mit uns. Wie schön, dass du einfach so da bist! Wie kommt es, so außerhalb der großen Ferien?", Mrs. Miller rannte geschäftig hin und her, deckte den Tisch, schraubte eine Blechdose auf und zauberte Plätzchen auf einen Teller. Ihr Mann war schon losgelaufen, um das Cottage zu lüften, die Nesselbezüge von den Möbeln abzunehmen ...

Patsy erzählte, dass sie ein bisschen Alleinsein und Ruhe zum Malen und Lesen suchte, und das genügte den Millers voll und ganz. Sie würden es ihr schön machen.

Jetzt lief alles so ab wie Jahr um Jahr zuvor für ihre ganze Familie. Die Millers hielten das Häuschen in Ordnung, besorgten Holz für den Kamin, Lebensmittel für die Küche, gerade soviel, wie man von ihnen erbat.

Patsy hatte wenige einfache Baumwollkleider im Gepäck, verwandelte sich ganz schnell äußerlich zurück von der feinen Dame zum sommerfrohen Mädchen alter Tage. Abends saß sie noch in milder Luft auf der Bank hinterm Haus, ein Glas Apfelwein in der Hand, und träumte den Vollmond an. Frösche quakten. Eine Nachtigall sang. Der Abendwind streichelte sanft ihr Gesicht.

Zuhause, ihr Mann, als er ihre Nachricht fand, fing schon an, sich brennend nach ihr zu verzehren. Bis jetzt war sie ein bequemer, vertrauter Einrichtungsgegenstand seines Umfelds gewesen. Aber so selbstständig, atmend, fühlend, wollend, aktiv sich bewegend, nicht einfach nur verfügbar, wurde sie das Ziel seiner großen Sehnsucht. *„Ich komme wieder"*, las er wieder und wieder ...

Patsy schlief nicht lange. Die Hähne krähten früh, ein Esel schrie, Hunde schlugen an. Ihr Zimmer lag nach Osten, und als das Morgenrot aufzog, stand sie andächtig am Fenster und sog tiefatmend die kühle Luft ein. Nichts hielt sie mehr drinnen. Sie zog sich an und lief über den schmalen Pfad zu den Feldern und lief und lief und tief in ihrem Herzen jubelte es, und sie war eins mit der ganzen Schöpfung. Schließlich pflückte sie Wiesenblumen, eine ganz Handvoll, und stellte sie zu Hause in ein einfaches Glas. Sie frühstückte draußen an ihrem kleinen Tisch, brauchte einfach nur eine große Tasse Tee und ein Stück Brot, ach, Mrs.

Miller hatte ihr auch schon Marmelade hingestellt, also löffelte sie ganz viel davon auf ihre Schnitte.

Später holte sie ihr Malzeug raus und malte mit Hingabe den Wiesenblumenstrauß.

Mittags machte sie sich ein kleines Omelett. Das reichte ihr völlig. Und dann genoss sie eine Tasse duftenden Kaffees. Dazu, die größte aller Seligkeiten, schlug sie ein Philosophiebuch, das sie mitgenommen hatte, auf, las vor und zurück und vor und zurück und dachte verschmitzt lächelnd: „Und wenn ich es auswendig lernen muss, bevor ich zurückgehe. Wenn ich wieder in Bristol bin, werde ich wissen und begriffen haben, was drin steht!" In diesem Moment stand wohl der Geist ihres Vaters hinter ihr und hielt sie umschlungen. Über allem lag ein Segen.

Ein paar Tage nur nah an der Natur in völliger Freiheit, und sie war ein neuer Mensch. Alle ihre Zellen füllten sich mit Wohlgefühl, die frische Luft, das einfache Essen, die selbstverständliche Mütterlichkeit von Mrs. Miller, die täglich kurz nach dem Rechten sah, – wie gut ihr das tat!

Schon bald fühlte Patsy ganz deutlich, wie sehr sie sich nach ihrem Mann sehnte. Das war ein Gefühl, das bisher noch nie Platz gehabt hatte, sich wirklich zu entwickeln. Sie war über sich selbst erstaunt und erfreut. Sie nahm ganz bewusst wahr, wie sich ihre Brust mit Verlangen füllte, wie ihr Herzschlag sich beschleunigte, wie ihre Haut glühte. Aber: Eins wurde ihr klar: So ‚menschlich' ging es ihr nur, wenn es ihr gut ging, wenn auch ihr Geist atmen durfte, wenn sie nicht eingezwängt wurde in allzu starre Regeln.

Sie setzte sich draußen an den Tisch und stützte ihren Kopf in ihre Hände. Einen Mittelweg müsste es doch geben! Das Notwendige tun als Mitglied der menschlichen Gemeinschaft, hier und jetzt, und doch so leben, dass man glücklich wird!?

Entwickelte sich die Menschheit nicht dadurch immer weiter, dass es Männer und Frauen gab, die Abläufe und Systeme änderten? –

Sie träumte von einem überschaubaren Hauswesen, befreit von überflüssigem Erbgut und Staubfängern, zu bewältigen mit nur wenigen festangestellten Dienstkräften, denen sie vertrauen könnte und die in eigener Verantwortung sinnvoll wirtschafteten. Dann bräuchte man nur noch zu besonderen Anlässen Lohndiener, kein Problem. – In der obersten Etage würde Raum frei, und sie würde das Turmzimmer zu einem kleinen Atelier ausbauen, das auch Rückzugsmöglichkeit für

Lesestunden wäre. *Männer* haben schließlich alle ihr geheiligtes Arbeitszimmer, dachte sie.

Und dann: Gelegentliche Diskussionsrunden wie zu Hause bei ihrem Vater wollte sie haben, reden mit Künstlern, Wissenschaftlern, Denkern. Dichterlesungen könnte man veranstalten, Musikabende ... – Bloß nicht diese Handarbeitsrunden wie bei Henrietta! Die Damen saßen dabei vornübergebeugt über ihrem Stickrahmen und zählten die Fäden, oder, beim Strickzeug zählten sie das Ab- und Zunehmen oder die Muster, oder sie häkelten mit Vehemenz diese hirnlosen Allzwecklappen; aber nie hörten sie zu, wenn man etwas sagte, nie hatten sie den Kopf frei für wirklich große Gedanken ...

Dieses heiße, drängende Gefühl in ihr ließ überhaupt nicht nach. Abends setzte sie sich hin und schrieb in wenigen Zeilen ihrem Mann, wo sie war, und, *Liebster, kannst Du es vielleicht möglich machen, sogar zwei Tage hier mit mir zu verbringen? Wir alleine hätten so viel zu besprechen.*' – Mr. Miller sorgte dafür, dass die Depesche schon am nächsten Tag in Bristol ankam.

William schaffte es. Er arrangierte umgehend seine Kurzreise und schloss Patsy an diesem Abend noch in seine Arme. Sie trug ihr Haar offen, es roch nach Sommer und frischer Luft, und durch das dünne Baumwollkleid fühlte er ihren heißen Körper ...

Am nächsten Tag nahmen sie sich zum ersten Mal die Zeit, in aller Ausführlichkeit ihren Lebensplan zu entwickeln, der wohl ein bisschen von vorgezeichneten Schienen abweichen würde. – Ja, er war einverstanden mit unkomplizierterem Leben. Nach und nach könnten sie es dahin ändern. Seine Mutter würde sich mit den Mitteln aus ihrem Erbe in ein kleineres Haus zurückziehen. So wäre sie, Patricia, die wirkliche Chefin in ihrem Heim und könnte ihre eigenen Vorstellungen verwirklichen.

Patsy war die erste Frau in seinem Leben, die Selber-Denken praktizierte. Die offensichtlich vorhatte, sich nichts mehr sagen zu lassen. Die ihrerseits die Richtung zu Hause angeben würde.

Er lehnte sich erstaunt zurück. Nein, das war ja gar nicht schrecklich oder unvorstellbar, wenn die Frauen ihre Wünsche selber spürten. Befreiend war das. Ein Geschenk. Er konnte sich tragen lassen von ihren Ideen.

Spontan beugte er sich vor, nahm ihr Gesicht zwischen beide Hände, und küsste sie. Sie würden sich eine gute gemeinsame Zukunft aufbauen.

Mann und Frau, Tradition und Moderne, Konventionelles und Freies würden ein neues Ganzes.

Als sie Hand in Hand auf der Bank in der Kutsche saßen, um nach Hause zu fahren, wussten sie noch nicht, dass die Zukunft schon dabei war. In neun Monaten würden sie glückliche Eltern eines Sohnes sein.

Ein kurzer Moment

Malte hat eine noch ungebeichtete Mathe-Fünf in der Tasche, und er wartet dringend auf eine SMS von seiner kraushaarigen rotblonden Angebeteten, die leider auch von anderen Knaben verehrt wird. Eigentlich hat er zu gar nichts Lust!

Keine Chance für eine schnelle Flucht. Der Computer steht im Wohnzimmer, damit seine Eltern die Übersicht behalten, wie viel Zeit er mit Spielen vertrödelt. Zu dumm!

Er fühlt eine Traurigkeit, die sich in all' seinen Zellen breit macht: Sie ist sehr leise, ein Dauerton, dünn wie ein Faden; lauwarm, doch schwelend; und sie schmeckt süßsauer. Er hebt sich lustlos vom Stuhl und wechselt rüber zum Klavierhocker. Richtig. Er muss noch üben für morgen. Seit Wochen kämpft er schon damit, dass ihm das aufgetragene Improvisieren beim Jazz überhaupt nicht gelingen will. Er klimpert. Ping, ping, ping.

Da ist noch etwas auswendig in seinem Gehirn: 'All of me'. Alle Schüler kriegen das auf. Daa-da-daa. Malte macht weiter. Da-da-da-daa-da-da-a-a-a-a-. Und, angebunden an den letzten lang-gezogenen Ton, bevor es weitergeht mit der großen Melodie, spielen seine Finger *Fragen, Angst, Sehnsucht und ungeweinte Tränen.* Der Blues quillt ihm plötzlich aus dem Herzen. Die leise Traurigkeit wird zu Musik.

Es ist nur ein Moment, der ihm geschenkt wird – und danach kehrt sein Bewusstsein zurück. Aber von nun an wird er sich fallen lassen können, wann immer er es braucht. Dieses Wunder erleben. Die Seele mitschwingen lassen.

Körperweisheit

Schon um 2 Uhr in der Frühe nach heimischer Uhrzeit hatten sie aus dem Flugzeug heraus den Morgen heraufziehen sehen, verheißungsvolles Licht, das über der endlosen Steppe der Mongolei unter ihnen immer weitergewandert war, während ihre Boeing Stunde um Stunde mit gleichmäßig tiefem Ton dem Ziele entgegen brummte.

Sechs Stunden später (zu Hause war es jetzt 8.00, hier 14.00 Uhr) standen sie in einer riesigen Tempel-Anlage, überflutet von Sonnenlicht, und spürten, wie wohlige Wärme tief in ihre Körper einzog.

Sie hatten ihre Traumreise mit einer kleinen Gruppe von Ehepaaren in ihrer Altersklasse angetreten. Alle waren so um Mitte sechzig und noch richtig fit. Diggy, so klein, dass sie mit den Chinesen in Augenhöhe verhandeln könnte, gehörte zu den lebhafteren Frauen. Und Bob, mittelgroß und stabil, setzte eine zuverlässige Unaufgeregtheit dagegen.

"Weißt du eigentlich, wo wir gerade sind?", Diggy hängte sich bei ihrem Mann ein und drückte seinen Arm.

"Klar doch, wir sind in China", sagte er und blieb mitten auf dem Weg stehen.

"Und wo genau?"

"Vor dem Himmelstempel in Peking."

Diggy rieb ihre Wange an seiner Schulter. Sie hätte platzen können vor Freude und Erwartungshaltung. Was würden ihnen die nächsten Wochen bringen? – Heftiges Gezwitscher und Jubilieren drang plötzlich in ihr Ohr. "Hörst du auch die Vögel?", fragte sie.

"Komisch, manchmal bemerkt man sie gar nicht, dann wieder sind sie so laut. Woran liegt das wohl?"

"Das ist eine Sache der Wahrnehmung. Du bist völlig auf Empfang eingestellt."

Bob, und das machte ihn aus, kannte immer alle 'einfachen Wahrheiten', wie er sie nannte.

Diggy erklärte sich die Welt am liebsten mit Gedanken der ZEN-Philosophie: "Die ZEN-Leute sagen, die Situationen, auf die du deine Aufmerksamkeit richtest, werden wichtig für dich, fallen dir ins Auge (oder hier: ins Ohr). Wahrscheinlich habe ich kurz vorher gedacht: Haben die auch Vögel hier? Und dann hat sich der Lichtstrahl meiner Wahrnehmung auf sie gerichtet. – Übrigens, da vorne steht unser Reiseleiter."

Wang xiānsheng, der sich vor seinen deutschen Gästen Rainer nannte, winkte sie zu einer großen Tafel am Rande des Weges, auf der die gesamte Tempelanlage erklärt war. Er übersetzte mühsam die chinesischen Schriftzeichen. Manche Wörter betonte er auf der falschen Silbe, was es extrem anstrengend machte, ihm zuzuhören. Als er schließlich in die Einzelheiten ging, "... das sollten Sie von den Geh-Wendern des Kaisers wissen ...", drehte sich Diggy zur Seite, um lieber etwas von den Original-Tönen im Getümmel der Menschen mitzubekommen. Bob und sie hatten zuvor einen Crash-Kursus in Chinesisch mitgemacht, ni hao, ni hao ma, wo yao ......, und sie wartete begierig darauf, das eine oder andere Wort zu verstehen. Méi you, – hab' ich nicht – war das erste, das sie mehrfach auffing. Damit eröffnete sie stolz die bescheidene Sammlung selbst-verstandener Aussagen.

Die Menschen schlenderten in sonntäglicher Stimmung an ihnen vorbei. Viele Familien waren unterwegs und präsentierten stolz ihr einziges Kind. "Es sind in der Überzahl Jungen", sagte Bob, und beiden krampfte sich das Herz zusammen bei dem Gedanken daran, was das bedeutete! Kleine Mädchen waren, wenn sie denn leben durften, so sehr gewollt, dass ihre Eltern sie vorwiegend in rosa Tüll kleideten, mit großen Schleifen schmückten und ihnen obendrein noch zwei Engelsflügel, bestückt mit flauschigen weißen Federchen, umbanden.

Plötzlich hörten sie wieder Rainers Stimme. Er sprach über die Symbole, die beim Bau der berühmten Tempelanlage eingesetzt wurden. Das Quadrat stand für die Erde, der Kreis für den Himmel. Weil sich früher die Menschen hier die Erde eckig vorgestellt hatten, umschlossen sie die große Tempelanlage an einer Seite mit rechtwinkligen Mauern, und weil sie sich den Himmel rund dachten, gaben sie dem Park an der anderen Seite eine Rundung. Der berühmte runde Himmelstempel, auf den die Reisegruppe nun zuging, stand auf einer dreistufigen Terrasse aus weißem Marmor, die wiederum auf einer quadratischen Grundfläche ruhte.

"Man sollte es nicht für möglich halten, mit welchem Ideenreichtum die Menschen hier Gegensätze vereint haben. Himmel und Erde in Einem, ein Ganzes. – Und sogar durch ihre Architektur machen sie sichtbar, wie sie die Welt sehen." Diggy stand in Ehrfurcht vor dem Bauwerk.

"Die ganze Konstruktion des Tempels ruht auf 28 Säulen", sagte Rainer. "Die vier mittleren verkörpern die vier Jahreszeiten. Ein weiterer

Ring von zwölf vergoldeten Säulen symbolisiert die zwölf Monate. Und der äußere Ring steht für die zwölf zweistündigen Zeitabschnitte des Tages."

Zahlen haben in allen Kulturen etwas Magisches, ging es ihr durch den Kopf.
Die zwölf Apostel …

Sie schritten nun über eine beeindruckend lange und breite marmorne Straße zum Opferaltar. Ein kleiner Junge lief vor ihnen her, die linke Hand in der Hosentasche. Und damit zog er sein Höschen auseinander, das hinten nur aus übereinandergelegten Stoffbahnen bestand. Ein Stückchen vom blanken Popo leuchtete hervor. "Wie süß! Sieh' mal", jubelte Diggy. "Das ist also wahr: Die Chinesenkinder haben keine Windeln!"

"Praktisch", ergänzte Bob. "Die sparen die gewaltige Umweltbelastung mit den Pampers …"

Am Opferaltar sprach Rainer wieder von einer Zahl. "Die Drei steht für die männliche Yang-Qualität, das Starke und Harte."

Bei uns gibt es den drei-einigen Gott, dachte Diggy.

Diese Terrasse hier war kreisrund und dreifach gestuft. Die Zahl der Marmorplatten in den um den Mittelpunkt herum angeordneten Ringen betrug stets ein Vielfaches von drei." Die sichtbar gemachte höhere Ordnung wirkte spürbar respekteinflößend. Diggy meinte, eine andere Luft zu atmen.

"Hier brachte der Kaiser in der längsten Nacht des Jahres stellvertretend für die Menschenwelt ein aufwendiges Tieropfer dar."

"Warum?", fragte sie.

"Wenn die Nahrungsvorräte langsam im Winter zu Ende gingen, musste ein Opfer gebracht werden, um die Mächte des Himmels gnädig zu stimmen. Anschließend betete der Kaiser in der Halle des Erntegebets – das ist der sogenannte Himmelstempel, den wir eben gesehen haben – für eine gute nächste Ernte. Vom Erfolg seiner Gebete hing das Leben und Überleben der Menschen ab. Es war diese immense Wichtigkeit, die sie auch den Himmelstempel so grandios bauen ließ."

Auch in unserer christlichen Welt gibt es großartige Kirchen und Kathedralen, die die unübertroffene Wichtigkeit des für uns Höchsten zum Ausdruck bringen. Diggy flüsterte mit Bob. Und auch wir hatten einen Mittler zum Höchsten ..., man müsste den Gedanken in Ruhe zu Ende denken.

Während sie nun in den zederndurftenden Park der Anlage gingen, versuchte Diggy, sich selbst 'das Opfer' zu erklären. "Dahinter steht die Idee von Geben und Nehmen. Für ein gesundes Gleichgewicht in der Welt muss ich etwas geben, wenn ich etwas haben will. Das ist eine uralte Menschenweisheit, die die Alten hier in einer rituellen Handlung für sich sichtbar umgesetzt haben." Sie strich sich eine Haarsträhne aus der Stirn. "Ich muss zugeben, dies hier lässt mich heute zum ersten Mal richtig gründlich über Geben und Nehmen nachdenken." Mit einer Fußspitze testete sie den weichen federnden Waldboden.

Verteilt unter verschiedenen Baumgruppen saßen Menschen mit ausgestreckten Beinen, schwätzten und lachten und tranken Tee aus den riesigen Thermoskannen, die sie am Henkel die ganze Zeit mitgeführt hatten.

"Das mit dem Geben und Nehmen habe ich auch erst lernen müssen", nahm Bob das Thema noch mal auf. "Als ich ein junger Mann war, (sie sah ihn vor sich mit seinen schönen dunklen Haaren, die nun weiß geworden waren) … hat mir ein väterlicher Freund erklärt, wie Geschäfte gemacht werden: "Wenn du Preisverhandlungen führst, musst du dem Einkäufer, der dir gegenübersitzt, ein Stück weit entgegenkommen, damit er seine Verhandlungserfolge vorweisen kann, und andererseits darf dir der Einkäufer nicht die Luft gänzlich abdrücken, damit du nicht eines Tages lieferunfähig wirst."

Eine Gruppe von Vögeln, die sich über ein paar Plätzchen-Brösel hergemacht hatten, stob wild zeternd auseinander, als ein kleiner Junge mit ausgebreiteten Armen auf sie zulief.

Diggy schaute kurz auf und spann dann den angefangenen Gedanken weiter. "In der modernen westlichen Welt sieht man heutzutage mehr und mehr, dass jeder Einzelne nur noch gezielt nach seinem eigenen Vorteil sucht. Ich oder du. Das ist so eine Entweder-oder-Mentalität.

"Du siehst, wohin das führt. Es gibt Scherben ohne Ende. Entlassungen. Scheidungen …"

"Ob denn die Menschen hier im Reich der Mitte wohl eher noch 'sowohl – als auch' denken?
Mein Recht u n d dein Recht? Die Alten u n d die Jungen?" – Plötzlich wusste sie, wonach sie suchen würde; sie war noch nicht alt genug, um zu wissen, dass das, was man sucht, die Antwort selber ist.

Rainer rief sein Trüppchen zusammen. Vor dem Tor wartete der Bus. Heute Abend gäbe es das Peking-Ente-Essen.

Auf dem Hauptweg sahen sie einen einsamen Straßenkehrer in

leuchtendem Mao-Blau, der mitten zwischen den Menschen seinen Dienst versah. Er hatte eine Schaufel und einen Besen am langen Stiel und musste lange nach kleinen Abfällen suchen.

"Es ist erstaunlich sauber hier", sagte Bob anerkennend.

Als sie im Bus saßen, sagte Diggy, die immer noch an einem Gedanken kaute: "Übrigens, ich übersetze mir die fernöstliche Philosophie, die immer ein Gleichgewicht der Kräfte anstrebt, mit dem Bild von zwei Waagschalen. Wenn die eine bis zu einem gewissen Grad gefüllt ist, muss die andere eine entsprechende Menge zugeteilt bekommen, um die Balance wieder herzustellen. Aber, kann man das immer umsetzen?"

"Denk' doch mal an unsere Französischlehrerin im Sommerkurs damals in der Provence. Sie erteilte für ein paar Wochen Unterricht, und anschließend 'ging sie wieder in die Melonen'. Oder, denke an unseren ersten Cellisten aus dem Orchester. Er erarbeitet mit Gruppen von jungen Leuten Kammermusik, und mittags schleicht er sich in seinen Schuppen und sägt und leimt und baut weiter an schönen Instrumenten."

"Wer lange genug gelesen hat, soll raus auf die grüne Wiese gehen," sagt ein alter ZEN-Meister."

"Ja, genau das ist es!"

Am nächsten Morgen bummelten die Reiseteilnehmer unter Rainers Anleitung durch einen großen Park. Diggy war begeistert, als sie sah, wie viele Menschen dort Tai Chi machten. Ihre Bewegungen waren fließend und übereinander-gleitend. Arme schwangen sanft auf und ab. Schritte wurden weich gesetzt. Hüftdrehungen. Absenken. Aufrichten. Den Takt vorgebend perlte dazu leise fremdartige Musik aus den mitgebrachten Kassettenrekordern. Ein sanfter Lufthauch bewegte das Grün der Bäume.

"Sieh' mal", Diggy zupfte Bob am Ärmel, "die Bewegungen sagen etwas aus über das Leben. Eine Sache ist noch nicht ganz zu Ende, da beginnt schon etwas Neues, und so geht es endlos weiter. Bevor die Alten sterben, sind die nächsten Jungen schon auf der Welt. Tai Chi ist eine körperlich gewordene Weisheit. Auf und ab. Vor und zurück. Und weiter, weiter, weiter ...

"Man kann alles in allem sehen", sagte Bob. "Wenn man nur will."

In einem anderen Teil des Parks bildete sich ein Chor aus fröhlichen Frauen. Sie bekamen Noten in die Hand und folgten willig einem selbst-ernannten Dirigenten in ihrer Mitte.

Dann waren da noch Spielgeräte für Erwachsene. Hier trainierten einzelne alte Menschen, um ihren Rücken zu stärken.

"Es ist einfach genial!", sagte Diggy. Du brauchst kein Fitness-Center und keine Krankengymnastik, wenn du so für die Menschen sorgst.

Und abends, mitten in der großen Stadt, noch einmal. Hier gab es einen Platz, wo alte Leute zusammenkamen, um zu singen und zu tanzen. Rainer erklärte es ihnen so: Wenn junge und alte Menschen extrem beengt zusammenwohnen, muss man den Älteren, die sonst tagsüber einsam wären, eine Chance geben, sich mit anderen zu treffen und fröhlich zu sein. Und – dachte Diggy – es entzerrt ja auch das Familienleben. Die jungen Leute können mal unter sich sein. Und andererseits, wenn sie Hilfe bei der Beaufsichtigung ihres Kindes brauchen, ist immer jemand zur Stelle.
"Wieder ein Fall von 'sowohl als auch'", meldete sie stolz. Auf jeder Waagschale liegt ein Vorteil.

Abends war es Bob, dem beim Essen etwas auffiel. Sie saßen mit den anderen Reiseteilnehmern zusammen in einem riesengroßen Raum an einem riesengroßen runden Tisch. In der Mitte war eine Drehplatte, und fortwährend wurden neue Schüsseln und Platten hereingetragen, Fleisch, Fisch, verschiedene Gemüse und ganz zum Schluss der klebrige Reis. Rainer erklärte die einzelnen Gerichte. Es gab Weiches und Knuspriges, Süßes und Saures.

"Das ist chinesisch gedacht", sagte Bob. Sowohl – als auch. Zählst du das mit?

Diggy kämpfte derweil mit ihren Essstäbchen. "Hier jedenfalls sehe ich ein wunderbares Konzept," sagte sie etwas gereizt. "Essen, ohne dick zu werden. Auf der einen Waagschale Gerichte in Überfülle. Auf der anderen Waagschale meine Unfähigkeit, mal richtig einen Mund voll zu bekommen. Drei Maiskörner oder fünf ganze Erbsen alleine machen mich nicht glücklich." Sie drehte sich um und bat die Bedienung kurz entschlossen um ein herkömmliches Besteck.

In den brummenden, dröhnenden Millionen-Städten erschienen alle Menschen bienenfleißig. Sie zogen neue Häuser hoch, bauten Straßen, reparierten Autos, verkauften bunten Plastik-Kitsch ebenso wie weltbekannte Markenwaren, Straßenhändler rannten wild gestikulierend hinter vermeintlichen Kunden her, Autos hupten, Bremsen quietschten, Familien kochten, siedeten und buken draußen vor den Häusern ihre Spezialitäten, steckten schaschlikartiges Fleisch auf Fahrrad-Spieße, drehten glitschige Knödel für den Straßenverkauf. Und in der Mittagszeit saßen Handwerker und Händler seelenruhig an kleinen wackligen Tischen auf dem Bürgersteig, direkt neben dem brausenden Verkehr, und spielten ihre Brettspiele.

"Arbeiten und Spielen. Ich habe wieder einen Punkt", sagte Diggy und nickte mit dem Kopf in Richtung der Mahjong-Bretter.

Erst am letzten Tag des Urlaubs verstand Diggy aber das Waagschalen-System wirklich durch und durch. Sie war zutiefst beschämt.

Im Reiseführer hatte gestanden, man müsse immer und überall energisch handeln. Achtzig Prozent sollten erst mal runter vom Preis, dann in etwa würde man reell bedient. Also feilschte sie, obwohl sie sich unwohl dabei fühlte, nach Kräften, als sie in einem Geschäft für Sportartikel eine DVD-Kassette für Tai Chi fand. Es ging zwei, drei Mal hin und her. Die Verkäuferin, eine erwachsene Frau mit klarem Gesicht und schönen Mandelaugen, sagte, die Kassette stamme von einem sehr berühmten Mann – *kann ja jeder sagen* – und sie wäre wirklich ihren Preis wert. Diggy handelte verbissen weiter. Da schaute ihr die Chinesin ruhig ins Gesicht und sagte einfach: " J e d e r muss lächeln!"

Es traf sie wie ein Flammenschwert. Sie fühlte, wie ihr die Hitze in die Wangen schoss. Wie recht die Frau hat! J e d e r muss lächeln – verträgliches Handeln, Geben und Nehmen, die Waagschale – hatten da Bob und sie nicht noch vor wenigen Tagen drüber gesprochen?

Diggy legte die Kassette, die sie hin und her gewendet hatte, ab. Sie grub nach ihrem Portemonnaie in der Tasche, bezahlte den verlangten Preis und bedankte sich wiederholt, um das Gefühl der Peinlichkeit loszuwerden, mit freundlichen Worten in Deutsch, Englisch und Chinesisch.

Die Chinesin hielt ihnen lächelnd die Türe auf und schaute ihnen noch eine Weile nach.

Zuhause stellte Diggy später fest, dass sie eine Kassette des berühmtesten der derzeit lebenden Tai-Chi-Meister erhalten hatte, eine Kostbarkeit! Und mit dieser Kassette hatte sie ein Stück Lebensweisheit mit erworben.

Die alten ZEN-Meister sagen, Wissen wird erst wahr, wenn es in den Zellen des Körpers verankert ist. – Sie brauchte die innere Chemie des Sich-unbehaglich-Fühlens und die sichtbare Schamesröte im Gesicht, um für alle Zukunft wirklich zu w i s s e n:

J e d e r muss lächeln!

Liebe

"Junger Mann", sagte der weißhaarige Herr aus der ersten Reihe, "Sie werden erleiden, was Sie sich selber vorstellen."

Gerade war der Vortrag zum Thema der Entwicklung der Liebe zu Ende gegangen, und von der Zeit des Zusammenlebens im Alter hatte Eric ein wirklich ungutes Bild entworfen:
Da frühstückten eine alte Frau mit Lockenwicklern im Haar und gekleidet in einen schmuddeligen Bademantel zusammen mit einem griesgrämigen alten Mann, der sich bald hinter der Zeitung versteckte. Eine Glosse eben. Ein albernes Klischee. "So wird es in vielen Fällen enden", hatte er gesagt.
Nichtsdestotrotz klatschten manche Leute wie wild während sie schon aufstanden, schoben direkt aber ihre Stühle nach hinten und drängelten jetzt ungeduldig zur Garderobe.

"Wie meinten Sie das eben?", wandte sich Eric an den Zuhörer, der sich zu Wort gemeldet hatte. "Wollen wir zusammen noch ein Glas Sekt trinken?"
Sie gingen zu einem der Stehtische, die man im Raum hinter den Stuhlreihen aufgebaut hatte.

"Es wäre schade um Sie, so jung und gebildet, wie Sie sind", sagte der Herr.

Eric öffnete die Flasche und goss den perlenden Sekt ein.

"Sie haben Ihr Bücherwissen perfekt rüber gebracht. Die Zitate von Goethe, Schiller und Heinrich Heine waren gut gewählt. Die Aussagen von Ovid und die kleine Geschichte von Boccaccio: hervorragend. Aber ich werde Ihnen mal was sagen ..."
Er stellte das Glas, das er schon angehoben hatte, wieder ab.
"Indem wir das Leben beobachten, gewinnen wir eine Vorstellung von den Abläufen, so wie sie wirklich sind. Wir werden bald mehr wissen als in den Büchern steht.
Und wie wir leben werden, das entscheidet sich zum großen Teil auf der Basis unserer Beurteilung ("gut oder schlecht") dessen, was wir wahrnehmen. Es entstehen grundsätzliche Wert-Vorstellungen, die uns in der Folge nicht mehr bewusst sind. (Unser heutiges Beispiel ist, was wir von der Liebe im Alter halten.)

Positive Wert-Vorstellungen, erzeugen eine positive Einstellung und damit eine Entwicklung des Lebens zum Guten.

"Ich kann doch nicht beeinflussen, was ich denke!"

"Doch. Schauen Sie hin, zu denen, die Sie mögen oder sogar bewundern. Da ist der Vater, der der Mutter jeden Tag Komplimente machte. Da ist die Mutter, die ihn liebte über seinen Tod hinaus. Da ist der Onkel, der nie aufhörte, seinen Geist zu schulen.
Ändern Sie Ihre Vorstellungen zum Thema, und Ihr Leben wird sich ändern."

Es wurde kalt im Raum. Die Garderobenfrauen, fertig mit Aufräumen und bereit zum Gehen, hielten die große Türe auf. Sie lächelten.

"Denn so läuft es immer ab", brachte der alte Herr es draußen noch zu Ende. "Zuerst und unbewusst ist da die innere Wert-Vorstellung, Ihre Einstellung gewissermaßen; dann folgen die Wahrnehmung eines Geschehens, der Gedanke, das Gefühl.
Haben Sie deshalb eine hohe Meinung von der Liebe im Alter.
Das wird Sie glücklich und reifer machen."
Er schenkte Eric einen festen Händedruck. Aufrecht und makellos wandte er sich in seinem langen dunklen Mantel zum Gehen.

Anders denken

Es ist noch ganz früh. Die Herbstsonne taucht alles in ein gleißendes Licht. Ich kehre Mengen von Laub vom Bürgersteig.
Und da kommen mir schon die ersten alten Menschen aus der Nachbarschaft auf ihrem Rückweg vom Arzt oder Supermarkt entgegen. Wir grüßen uns freundlich. Und während ich in ihre Gesichter schaue, denke ich: "Was hat wohl dieses Mütterchen für ein Leben gelebt?" Und: "Schau an, der da, der war bestimmt ein ganz toller Schlingel!"

Das war er auch. Und mehr als das. Ich habe ihm geholfen, seinen vollbepackten Rollator auf den Bürgersteig zu hieven, und er hat mich charmant nach nebenan zum Tee eingeladen.

Da sitze ich nun auf dem blauen hart gepolsterten Zweier-Sofa, der Nachbar hat seinen hohen Sessel, und auf dem kleinen runden Tisch mit der Häkeldecke stehen Teekanne und Tassen,
friesisch-blau, ein Kandis-Topf und ein Sahnekännchen, ganz stilvoll, und sogar eine kleine Vase mit einer einzelnen Blüte, die er möglicherweise draußen auf dem Balkon gepflückt hat. Ein Schälchen mit feinem Gebäck habe ich mitgebracht.

Nach den unvermeidlichen Floskeln der Einleitung: "Wie lange leben Sie denn schon hier? Und wie kommen Sie so zurecht?", sind wir bald bei den interessanten Themen.

Ich spiele 'die Mutter' und schenke den Tee ein. Seine Hand, die die Tasse hält, zittert leicht.

Und dann erzählt er von seiner Jugend, seinem Leben, seinen Auslandsreisen als Kaufmann für Im- und Export, den schönen Frauen, die ihm begegnet sind – o ja! –, den Jahren in Südamerika, und schon jetzt, am ersten Tag unserer Bekanntschaft, nehme ich eine seiner Weisheiten mit nach Hause.
"Heute", habe ich gesagt, "klagen so viele Menschen über Burn-out. Aber früher mussten wir ja auch oft unter Druck arbeiten und Termine einhalten. Wie sind S i e denn damit umgegangen?"

"Ich habe mir immer mal eine Erholungspause gegönnt.
Zeit hat man nicht. Zeit muss man sich nehmen." Er grinst.
"Und meine ganze Sehnsucht war es, auch für eine kleine Weile in einem Straßencafé mit einer Tasse Kaffee und einer Zeitung zu sitzen."

"Was Ihnen gelungen ist?"

"Was mir gelungen ist."

Das hätte mir besser früher auch einmal jemand gesagt. Wie oft bin ich im Laufe meines Berufslebens neben Haushalt und Familie hektisch geworden und habe mich selbst um kleinste Atempausen und kleinste Freuden betrogen! Ein Klügerer hat sich derweil Aufatmen und Selbst-Verwöhnung gegönnt.

"Na ja", sage ich, Sie hatten ja auch die Freiheit, so weit weg von jeglicher Aufsicht!"

Er nimmt die Zuckerzange und balanciert nachdenklich einen Kandiswürfel, den er in die Tasse fallen lässt. "Ich musste auch mein Soll erfüllen. Aber Freiheit kann auf vielerlei Weise ausgelegt werden. Als ich jung war, habe ich über Freiheit gar nicht nachgedacht. Ich habe einfach immer im jeweiligen Augenblick gelebt, das war's."

Später wird mir klar, dass es diese Art zu leben ist, die er meint, wenn er vom 'Freisein vom Wollen' spricht.

"Das ist es nicht alleine", sage ich. "Ich glaube, Freiheit ist, wenn man etwas nicht unbedingt tun m u s s ."

"Und wenn man etwas nicht unbedingt 'tun w i l l ', das kommt dazu“, sagt er.

"Das verstehe ich nicht. Wollen gehört doch zu mir, das ist doch normalerweise gut."

"Sie irren sich. Ich sehe das ein bisschen buddhistisch. Sie gewinnen erst Ihre wirkliche Freiheit, wenn Sie aufhören, darüber nachzudenken, dass Sie unbedingt etwas haben oder sein w o l l e n , wenn Sie frei sind von Bedürfnissen körperlicher Art und frei sind von Sehnsüchten und Absichten. *Wenn Sie so unkompliziert sind – sagen wir – wie ich es als junger Mensch unwissentlich war.*"

Er steckt sich eins von den hauchfeinen Mandelplätzchen in den Mund und kaut. Dann legt er den Finger an die Nase und fährt fort: "Wer nicht eingeengt wird von seinen eigenen Wertvorstellungen und Wünschen und die Regeln der anderen akzeptieren mag, der kann Freiheit auch erleben, ohne dass er sich ihrer bewusst wird." Die Stirn in Falten gelegt, fährt er mit Bedauern in der Stimme fort: "Aber Freiheit, die nicht wahrgenommen wird, wird nicht zum Gefühl und verweht leider wie die Träume unserer Kindheit."

"Ich denke, sich etwas zu wünschen oder etwas zu wollen und es dann zu bekommen, das ist erst richtig schön."

"Schöner ist es, frei zu sein von Wollen und dann etwas zu bekommen. Es geht nicht darum, etwas <u>nicht</u> zu wollen, verstehen Sie mich richtig, es geht darum, frei zu sein von Wollen. Ich habe viel darüber gelesen und nachgedacht", lächelt er.

Mein Blick wandert hoch an seinen Bücherwänden.

"Probieren Sie's aus."

Und da erinnere ich mich, dass mir in einem Kursus auch schon einmal – wie die Chinesen so denken – gesagt wurde: "Alles geschieht von alleine. Du musst nichts tun. Das Gras wächst von alleine. Du musst nicht daran ziehen."

Am nächsten Tag starte ich mit einem Selbstversuch.

Ich gehe die Treppe runter zur Haustüre, ohne zu wissen, ob ich den Weg nach links oder rechts einschlagen werde. Ganz ohne Wollen. Und dann lasse ich mich treiben in diesem strahlenden Sonnenschein und atme nur die kühle Luft und gehe und gehe …

Also: nicht dies und das gleichzeitig erreichen w o l l e n , was heutzutage die Burn-out-Leute ja tun. (Vielleicht nutzen die in Folge der Evolution zu sehr ihr immer weiter entwickeltes Großhirn mit Denken, Denken, Denken, was heißen mag: planen, beurteilen, bejammern, kurz: Denk-Wände errichten und dann schmerzhaft 'gegen die Wand rennen'.)

Ich habe Zeit und so gehe ich und gehe, und langsam macht sich ein großes Glücksgefühl in mir breit, es ist, wie Schweben in der Luft oder Schwimmen im weiten Meer oder Wandern in der Wüste … Es ist ein Gefühl ohne Mauern, Zäune, Hecken – eben: grenzenlose Freiheit, der Flow, das Verfließen mit der Umwelt.

– Nach wiederholten Anläufen weiß ich, dass mich meine Schritte auch ohne bewusstes Wollen dahin führen, wo ich hin muss: zum Schneider, zum Friseur, zur Bücherei, zum Supermarkt. Es funktioniert. Und es macht ganz leicht.

Eins aber werde ich dem Nachbarn beim nächsten Treffen sagen: "Das *Glücksgefühl* der Freiheit empfindet nur der, der lange genug unfrei war!"

Yin und Yang, könnte er antworten und dabei lächeln. Zum Leben gehören die Gegensätze, die sich ergänzen. Oder?

Nicht aufgepasst

Er war der Herr im Haus, nachdem der Vater gestorben war.
Er war es, der die Glühbirnen einschraubte.
Er war es, der die Fahrpläne las.
Er war es, der das Sagen hatte.

… Und dann kam der Tag, an dem sein Image einen gefährlichen Knacks bekam …

Dagobert saß in seinem Bastelzimmer unterm Dach und nahm defekte Radioapparate auseinander. Er war ein hübscher, dunkler Typ, 25, der Schatten des ständig nachwachsenden blauschwarzen Bartes modellierte sein Gesicht, die Frauen waren verrückt nach ihm, was ihn, den Einsiedler und Bastler, völlig kalt ließ. Zu diesem Zeitpunkt in seinem Leben liebte er nur Konstruktionspläne, fachkundige Gesprächspartner, seine Ruhe und sich selbst.

"Dago, gehst du jetzt bitte?", rief von unten seine Mutter.

Es war 10.00 Uhr abends. Er erhob sich widerwillig.

Seine kleine Schwester hatte mit 18 die erste große Bahnreise alleine gemacht und würde gleich von München zurückkommen.

Er stürmte zum Bahnhof. In der Unterführung nahm er jeweils zwei Stufen auf einmal, die letzten fünf mit einem einzigen Satz. Über ihm donnerte ein endlos langer Zug – ob das schon der richtige war? Er musste sich beeilen, rannte die Stufen an der anderen Seite des Tunnels rauf, um die Ecke und weiter, rein in die Bahnhofshalle. 22.12 Uhr. Nur wenige Fahrgäste kamen durch die Sperre. Seine Schwester war nicht dabei … Zuhause musste sie immer um 10.00 Uhr abends zurück sein, wenn sie wegging. Die Mutter war hier gnadenlos, wahrscheinlich, weil sie vor Angst fast starb. – Aber jetzt hatte Elke das Wegsein direkt schamlos ausgenutzt. – Ein bisschen musste er grinsen. Er latschte in Groß-Bruder-Art gemächlich nach Hause.

"Reg' dich nicht auf!", beruhigte er seine Mutter, die sich riesige Sorgen machte. "Vielleicht ist sie in der nächsten Bahn. Die Züge kommen stündlich."

Schnell saß er wieder in seinem Bastelzimmer und genoss seinen Frieden.

Vor 11.00 Uhr jagte ihn seine Mutter wieder in Richtung Bahnhof. Der Zwölf-Nach-Zug rollte pünktlich ein und pfiff: 'hiuuuhi'. Es roch nach Dampf und Ruß und heißem Stahl. Ein einziger Mann kam durch die Sperre. Dann niemand mehr.

Dago war gleichermaßen wütend und unsicher. Er ging in der Halle zum Aushang mit den Ankunftszeiten. 23.12 Uhr stand da für den letzten Zug des Tages. Ungläubig starrte er auf die Anzeigetafel …

Schließlich marschierte er ohne seine Schwester nach Hause und stieß dort aufgebracht hervor: "Das war für heute der letzte Zug. Sie kommt nicht mehr …"

Als ob sie diesen Satz wörtlich genommen hätte, dachte seine Mutter verzweifelt:

"Und wenn sie jetzt nie mehr nach Hause kommt?
– Und wenn sie mit ihm durchgebrannt ist?
– Oder wenn er nur ihre Unschuld geraubt hat und sie dann sitzenlässt?
– Wenn er plötzlich bei guter Gelegenheit über sie hergefallen ist und sie unter Schock steht?"

Die Mutter war eine Weltmeisterin im Ausdenken von Katastrophen. Vor ihrem Sohn lamentierte sie allerdings nur geschlechtsneutral: "Das arme Kind. Was kann es jetzt nur machen mitten in der Nacht irgendwo in der Fremde?"

Dago holte die Herztröpfchen und träufelte acht davon auf ein Stückchen Zucker. "Hier nimm das mal", sagte er. "Ich weiß nicht, warum du dich so aufregst. Als ich achtzehn war, bin ich auch überall zurechtgekommen."

"Bei Jungen ist das etwas anderes", schluchzte die Mutter. Das Gesicht eingefallen, die Haare schon ein bisschen grau, ein Bild des Elends …

Wie gerne hätte er noch ein wenig Zeit für sich gehabt, er wollte noch etwas zu Ende montieren; aber: keine Chance. Jetzt musste er sich in endloser Wiederholung die ganze Litanei der Verzweiflung anhören:
"Was könnte alles passieren …
– Ich habe es ja geahnt …
– Ich hätte sie nicht fahren lassen sollen!
– Warum muss mir sowas passieren?
– Womit habe ich das verdient?
– Ich hätte strenger sein sollen!
– Das hat man nun davon, wenn man so großzügig ist …
– Der Vati hat früher schon immer gesagt …
– Als ich so jung war, durfte ich auch nicht …"

So sitzen sie eine Weile nach Mitternacht immer noch da. Die Uhr tickt überlaut. Sie frösteln.

Da: Geräusche! – Ein Schlüssel dreht sich in der Tür.

"Hallo, ihr Lieben!", Elke kommt rein und bringt ihre fröhliche Unbefangenheit und einen Schwall kalter Luft mit sich.

Der Bruder starrt sie an wie einen Geist. "Ja, wie kommst du denn her?"

"Ich bin mit dem Null-Uhr-zwölf-Zug gekommen."

Dago schlägt sich mit der flachen Hand vor die Stirn …
"O, Mann, das Ankunftsschild hört bei 24.00 Uhr auf. Da dachte ich 'finito'. Ich hätte oben bei Null weitersuchen müssen …"
"Dein Bruder hat gesagt, heute käme kein Zug mehr …!!!"
Die Mutter, gepeinigt von tausend durchgestandenen Ängsten, richtet nun ihre ganze Energie gegen Dago, der sie durch Unachtsamkeit hat so bangen lassen:
"Konntest du nicht ein bisschen aufpassen?
– Ein erwachsener Mann!
– Um alles muss ich mich selber kümmern …
– Das weiß doch jedes Kind, dass 24.00 Uhr auch null Uhr ist!

– Ich kann es immer noch nicht fassen …
– Mir das anzutun!!!"
Dagos wunderbares Image des Alleskönners ist weg. Kleine Ursache, große Wirkung!
Die Mutter wird ihm die Privilegien des Haushaltungsvorstands entziehen und in Zukunft selber denken.

Der Fluch der guten Erziehung

Die Sonne scheint durchs Geäst. Gesprenkelter Schatten bewegt sich über die Wiese. Die Luft berührt warm die Haut. Spatzen zanken miteinander. Hühner gackern.

Hiltruds Opa, mager und mit einer Kappe auf, steht auf der dritten Sprosse der Leiter, wendet sich zur kleinen Mia hinunter und hält ihr eine Handvoll Kirschen hin. "Möchtest du welche haben?"

"Jaa", jubelt sie laut; aber im selben Augenblick spürt sie den strengen Blick ihrer Mama, die direkt am Gartenzaun steht, und die ihr souffliert: "Sag' nein danke." Und leise fügt sie hinzu: "Man ist nicht so gierig!!!"

Sie sagt artig: "nein danke", der Opa zuckt mit den Schultern und lässt die Kirschen in seinen Eimer gleiten, und sie fühlt schmerzlich in all ihren Fasern den Verzicht, es zerreißt sie fast. Kann sich ein großer Mensch vorstellen, wie wahnsinnig gerne sie diese Kirschen genommen hätte?

Ein paar Jahre später, im zweiten Schuljahr, da bringt sie vom Rechenunterricht für tadellos gemachte Hausaufgaben regelmäßig Fleißkärtchen mit. Mit diesen Kärtchen kann man sich jeweils von einem Rechenpäckchen befreien.

Es ist wieder so ein schöner Tag, blauer Himmel, Vogelgezwitscher, Hummeln brummen über Blüten. Vor dem Haus stehen die Nachbarskinder und rufen Mia. Die zählt ihre Fleißkärtchen, und siehe da, sie könnte sich heute glatt von ihren Rechenaufgaben befreien. "Fertig", ruft sie vergnügt.

Aber sie macht die Rechnung ohne ihre Mutter. "Du solltest die Kärtchen nicht einfach aufbrauchen; spare sie besser für die Zukunft, wer weiß, wann du sie richtig nötig hast."

Mia muss also weiter am Tisch sitzen und Aufgaben lösen; die Nachbarskinder ziehen davon, der Nachmittag ist verloren.

Als der Lehrer die Schule wechselt, hat Mia einen ganzen Packen von diesen kostbaren kleinen Gutschriften – keine mehr nutzbar – alle für den Abfall.

Und, alle Jahre wieder: die Sache mit dem Weihnachtsteller. Jedes Familienmitglied hat unterm Baum einen tiefen Teller voller Herrlichkeiten; obendrauf liegt dann noch eine Süßigkeit für den jeweils speziellen Geschmack: Vollmilch-Schokolade oder Zartbitter, und für Mia ein ordentliches Marzipanbrot. Mhh.

Die Mutter sagt: "Du musst nicht sofort das Beste wegessen, spar' dir das Gute etwas auf!"

Also muffelt sie brav erst langweiligen Lebkuchen und trockene Plätzchen, arbeitet sich vor über die kleinen Schokoplätzchen mit Liebesperlen und ist jetzt nahe dran am wirklich Wunderbaren!

Da! Am nächsten Morgen ist es weg. – Der große Bruder hat es einfach von ihrem Teller genommen und aufgegessen.

Geschrei und Tränen.

Und doch: Mia hat über die Jahre trotz ihrer Enttäuschungen tief verinnerlicht, dass man seine Wünsche unterdrücken sollte. Darin ist sie perfekt.

Sie ist nun erwachsen und weiß inzwischen genau, was sie wirklich braucht. Das kann durchaus Unsichtbares sein, wie 'ausreichend Zeit' oder 'genug Platz und Alleinsein'. Doch sie verdrängt immer noch ihren Bedarf, denn sie muss das Nehmen erst lernen. Aber gehört das nicht auch zum Gleichgewicht der Welt?

Katja

Seine Freunde erkundeten gerade die Umgebung. Am Vorabend waren sie alle zum internationalen Sportfest, das eine ganze Woche dauern würde, angereist.

Salvatore zog es vor, sich erst einmal zu entspannen. Er lehnte mit übereinandergeschlagenen Beinen, die Hände in den Hosentaschen, lässig neben dem Eingang seines kleinen Hotels und machte den

vorübergehenden Mädchen schöne Augen, während er insgeheim die Anzahl der positiven Reaktionen zählte.
Katja war Nummer neun.

Wie ein heißer Blitz durchfuhr sie sein gezielter Blick. Sie fühlte sich gesehen, schaute zurück. Blut schoss ihr in den Kopf. Er hatte sie an der Angel ...

Am nächsten Tag kam sie wieder bei ihm vorbei, denn während der Schulferien holte sie morgens immer die Briefe für ihren Vater aus dem Postfach. „Oh, da ist ja die Kleine, der ich einen roten Kopf machen kann“, dachte Salvatore, der gerade am offenen Fenster stand. Er sauste die Treppe hinunter, um draußen wieder vor der Türe zu posieren. “Buongiorno, Madonna“, sagte er und verbeugte sich mit großer Geste fast bis zum Boden. Auf Englisch fuhr er fort: „Ich kann leider kein Deutsch. Aber wir lernen ja alle in der Schule Englisch. Können Sie mir vielleicht etwas zu Ihrer Stadt erklären?“

Alles kam zusammen. Ihr war es heiß bis unter die Haarwurzeln. Und dazu musste sie sich mächtig anstrengen, um sich in einer fremden Sprache auszudrücken. Es gelang zu ihrer Verwunderung ohne Probleme. Sie lachten, und sie ertrank in einem Meer von Glück.

Am folgenden Tag zur gleichen Stunde wartete er schon unten an der Türe. „Bleib stehen. Lass dich ansehen. Du bist so schön!“

Sie, die sich selbst kaum wahrnahm. Der reine Durchschnitt. Eher klein. Schmal. Nur brünett. Kurzhaarfrisur.

Er streichelte sie mit Blicken, es nahm ihr fast die Luft.

Bisher hatte sie sich selbst immer nur als das brave Kind ihrer Eltern gesehen, und nun, von einem Augenblick zum anderen, fühlte sie, wie sich ihr Ich in ihrer Haut bis an die Grenzen des Erträglichen lustvoll ausdehnte. Jedes Mal, wenn sie zu Salvatore hinüberschaute, durchrieselte sie aufs Neue ein rauschhaftes Gefühl. Er war das Bild von einem lebhaften Italiener: mittelgroß, schlank, mit getönter Haut und wilden schwarzen Haaren.

„Was ist mit dir?“, fragte ihr Vater, als ihr in seinem Büro die Briefe aus der Hand fielen. „Du bist völlig geistesabwesend. Reiß dich zusammen!“ Er war von seiner Firma völlig überfordert und konnte nur noch grantig sein.

Die Tage vergingen schnell. Am Sonntag würde Salvatore wieder abreisen. „Wir haben nicht mehr viel Zeit, meine Süße“, sagte er beim nächsten Treffen und berührte ihre Wange mit der Rückseite seiner

Hand. Sie neigte ein wenig ihren Kopf, und er wusste das Zeichen wohl zu deuten. Er streichelte ihr übers Haar und zog sie zu sich heran. Der erste Kuss ... Ihr Herzschlag wurde zum Trommelwirbel.

„Wir werden uns schreiben“, sagte er.

„Das geht nicht. Meine Mutter macht alle meine Post auf,“ entgegnete Katja und schüttelte heftig ihren Kopf. Sie kaute an ihrem Daumen, während sie angestrengt nachdachte. „Weißt du was, ich notiere meine Adresse mit dem Firmenpostfach meines Vaters. Ich hole sowieso immer die Briefe ab, dann kommt nichts in die falschen Hände.“

Direkt nach Salvatores Abreise war schon der erste Brief da. Den hatte er noch vor Ort geschrieben. Seine Sprache war wohltönend und poetisch. Du bist mein Engel, las sie.

Jede Sekunde des Tages sehne ich mich nach dir. In Gedanken atme ich deinen Duft, streichle deine Haut, spüre deine Wärme ...

Katja straffte sich, und wer jetzt zu ihr hinüberblickte, hier im Vorraum der Post bei den Schließfächern, musste es sofort sehen: In diesem Moment verwandelte sie sich von einer unauffälligen grauen Maus zu einer aufrechten strahlend schönen jungen Frau. Eine leuchtende Aura schien sie zu umgeben, als sie auf die Straße trat. Ein Mann träumte von ihr. Salvatore, geliebter Salvatore!

Abends schrieb sie lange Briefe, Seite um Seite, berichtete von ihrem Leben. Sie hatte vorher nie gewusst, wie leicht sie sich in Englisch ausdrücken konnte. Salvatore erfuhr, dass ihr Vater von seinem Onkel eine kleine Kartonagenfabrik geerbt hatte und dass er sich unendlich anstrengen musste, um zurechtzukommen. Jeden Tag gab es neue Probleme. Die Frau des Erbonkels hatten sie gleich mitgeerbt. Die saß im Rollstuhl und wurde von der Mutter gepflegt.

Die Eltern, selbst schon streng erzogen, lebten alle Tage nach festen Regeln und Gesetzen. Sie sind so unflexibel und so wenig fröhlich, seufzte Katja in ihren Briefen. Ihr großer Bruder war schon einmal sitzengeblieben. Und weil er schlecht war in der Schule, musste sie gut sein. Ewig fühlte sie sich zu Hause unter Druck.

Ach, Salvatore, wie ich mich nach einem Leben in Freiheit sehne!

Schließlich waren die großen Ferien um und Katja musste wieder zur Schule gehen. Das für sie Wichtigste hatte sie nicht bedacht.

Die Post wurde jetzt von Fräulein Meier, der einzigen Angestellten ihres Vaters, geholt. Die war immer das Fräulein geblieben, weil sie schon mit sechzehn beim Kartonagen-Onkel angefangen hatte und unverändert der Sache diente, nun eben bei Katjas Vater. In ganz jungen Jahren hatte sie sich kräftig gegen die plumpen Handgreiflichkeiten und Annäherungsversuche der damaligen jungen Männer gewehrt. Heute, mit 36, fühlte sie sich unendlich allein. Ihre ehemaligen Freundinnen waren alle verheiratet, zum ersten Mal, zum zweiten Mal, hatten Kinder, kriegten Kinder ...

Fräulein Meier also fand einen duftenden rosa Briefumschlag in der Firmenpost. Natürlich öffnete sie ihn. Knallte gnadenlos einen Eingangsstempel auf das erste Blatt. Las mit schwellendem Herzen die heißen Liebesschwüre an die Kleine. Sah dann, dass der junge Mann schon über Katjas Umfeld informiert war und dazu Stellung nahm. Zu den Eltern sagte er: Traurig, wie sie nur wie auf Schienen laufen können, vorbestimmt und auf ewig eingeengt von ihren eigenen Regeln! – Aber tröste dich, mein Kleines, in wenigen Jahren kannst du über dich selbst bestimmen. Du wirst frei und glücklich sein!

Dann kam sie an die Reihe: „Bei der Beschreibung der alten Jungfer in eurem Büro habe ich schallend gelacht."

Also, das reichte. Fräulein Meier legte den Brief direkt oben auf den Stapel der geöffneten Post und ließ diesen geräuschvoll auf die Schreibtischplatte ihres Chefs fallen.

Katjas Vater sah erstaunt auf.

„Ihre Tochter wird sich bei mir entschuldigen müssen! Wie alt ist das Kind? Erst fünfzehn? Im Übrigen – ich nehme mir heute frei", sagte sie, griff Jacke und Handtasche, riss die Türe auf und warf sie donnernd hinter sich ins Schloss.

Einmal, zweimal, dreimal las er den rosa Brief. Die Erregung und sein Blutdruck stiegen. Ist es denn die Möglichkeit? Dieses Kind!!!

Er rief seine Frau ins Büro. „Warum weißt du von nichts? Was heißt hier ‚Ich habe alle Hände voll zu tun. Die Tante'. Ich habe auch alle Hände voll zu tun. Seit Jahren reibe ich mich auf für meine Familie ..."

Er war wütend auf die Welt, weil er unterschwellig wütend auf sich selbst war. Ständig musste er mit ansehen, wie sich andere die Freiheit zu irgendetwas nahmen. Seine Angestellte ging einfach nach Hause. Seine Tochter ließ sich von einem hergelaufenen Italiener berühren. Er hingegen hatte nie den kleinsten Vorstoß in ein Abenteuer wagen dürfen, weil seine Eltern schon beim geringsten Unbehagen, das er ihnen bereitete, sterbenskrank wurden. Seine Wut wuchs ins Unermessliche.

Katja wurde nach der Schule herzitiert. „Wie kommst du an den Kerl? Was fällt dir eigentlich ein? Glaube nur nicht, dass ich es zulasse, dass du ein Flittchen wirst."
Warum nur fiel sie aus der Spur und wurde nicht in Ruhe groß, fand mit seinem und dem Segen seiner Frau einen guten Mann, der ihm auch ein angenehmer Schwiegersohn, Helfer und Nachfolger in seiner Firma sein würde? Sein Sohn ging jetzt schon eigener Wege. Er hatte kein Interesse an der Firma und würde nach dem Abitur erst einmal um die Welt reisen.

Um 4.00 Uhr morgens hatte Katjas Vater einen Asthma-Anfall. „Dieses Kind bringt mich noch um", keuchte er.

Seine Eltern schliefen in dieser Nacht, inzwischen im Ruhestand und wieder kerngesund, den Schlaf der Gerechten.
Seine Frau wurde drei Mal von der Erbtante herausgeklingelt für den Weg ins Bad und rollte sich jedes Mal sofort für das nächste Stückchen Ruhepause auf die Seite.
Sein Sohn hatte den tiefen kraftspendenden Schlaf eines ungestümen 19-Jährigen.
Katja weinte die ganze Nacht heiße Tränen in ihr Kissen.
Und er, er saß aufrecht im Ehebett und fasste einen Entschluss:
Ich werde meine Tochter nicht ins Unglück rennen lassen. Heute habe ich zum ersten Mal gesehen, wie schön sie ist. Sie ist gerade gewachsen, ihre Haut schimmert wie Perlmutt, und sie hat makellose Zähne. In ihren Augen ist ein Leuchten. Wenn sie selbst nicht auf sich aufpassen kann und meine Frau keine Zeit hat, hinzusehen, werde ich sie schützen lassen.
Gerade erst hatte er von einem Mädchen in seiner Gemeinde gehört, das vor der Zeit Mutter wurde. Das steigerte seine Panik.

Am nächsten Tag meldete er Katja bei einem Internat an. Dort würde sie unter der strengen Obhut der Barmherzigen Schwestern in Abgeschiedenheit leben und die Klosterschule für Mädchen bis zum Abitur besuchen.

Der große Schritt

Schlapp saß sie auf ihrem Stuhl am kleinen Tisch, den Kopf auf beide Hände gestützt, und lauschte dem sonntäglichen Kirchenläuten. Die Töne verklangen nach und nach, und im Gefolge wehte der warme Sommerwind das großartige ‚Agnus Dei' aus der h-Moll-Messe von Bach

in ihr Zimmer. Elena stand auf und ging zum Fenster, verbarg sich hinter dem Vorhang und schaute auf die andere Seite der engen Altstadtgasse, geradewegs in ein Zimmer, in dem sich ein schlanker rothaariger Mann wie in Zeitlupe bewegte, erregend sanft, getragen von den Wogen dieser festlichen Musik.
Sie hatte schon lange in absoluter Stille verharrt, steif und frierend, weil ihre Anfälle von Traurigkeit sie immer wieder lähmten! Doch jetzt warfen Staunen und Faszination ein Lasso über sie und zogen sie in den Bann vollkommener Schönheit.

Der junge Gott von drüben hob und senkte die Arme, mal parallel, mal in jeweils eigenen großen, weichen Bögen, senkte gleichzeitig den Körper ab, drehte sich sanft zur Seite, glitt wieder nach vorne, um danach ruhig sich aufrichtend weiter zu schreiten.

Er tanzt das Leben, dachte sie. Nie können wir stehen bleiben. Immer müssen wir weitergehen. Mal so, mal so.

Am nächsten Abend verharrte sie wieder am Tisch in der für sie typisch gewordenen Haltung ‚Ach, wenn der Tag schon um wäre!', als sie erneut die festlichen Töne von gegenüber lockten. Ihre Neugier trieb sie zum Fenster. Getragen von der Musik übte der rothaarige junge Mann seine Figuren. Es sah wunderbar aus, wenn er mit seinen langen Armen ganz sacht große und weite Bögen in die Luft zeichnete. Er hielt unsichtbare Bälle zwischen seinen Händen und trug sie behutsam von vorne zur Seite und zurück, dann glitten seine Arme auseinander, die Hände drehten sich voller Grazie in den Handgelenken, fanden ein weiteres Mal zu einer schwebenden Position, er beugte die Knie, belastete mal die eine und mal die andere Seite seines Rumpfes, löste die Form in fließender Bewegung wieder auf: Seine Haltung wirkte selbst gewählt, selbstverständlich und königlich.

Er ist der König seines Körpers. Er regiert sich selbst.

Am nächsten Tag stellte sie sich auf ihr Fußbänkchen und reckte den Hals, um mehr und mehr der Einzelheiten wahrzunehmen. Bei seinen Wiederholungen wartete sie begierig auf die Stelle, wo er wie ein Seiltänzer mit balancierenden Armen die Spitze seines linken Fußes in die Kniekehle des rechten Beines legte, dann den Körper zur Seite drehte und mit einem großen Pendelschritt in seitlicher Richtung diesen Fuß sachte auf der Ferse aufsetzte und behutsam abrollte.

Wenn es das Leben ist, was er tanzt, dachte sie, dann zeigt es, dass wir alle zu Zeiten unseres Lebens den Boden unter den Füßen verlieren und auf dem Seil tanzen müssen. So wie ich jetzt. Als arbeitsloser

Mensch, 47 Jahre jung, stehe ich gerade auf nur einem Bein. Ich muss gewaltig mit den Armen balancieren, um meine Mitte, mein Gleichgewicht wieder herzustellen. – Sie strich sich nachdenklich mit der Hand durch ihr widerspenstiges braunes Haar. – Und dann braucht es den mutigen großen Schritt, um einen neuen Stand zu finden ...

Mit diesem Bild vor ihrem geistigen Auge schlief sie spätabends ein.

Am nächsten Morgen war der Entschluss gefasst: Sie würde eine Ich-AG gründen, nicht länger ihre Arbeitslosigkeit betrauern, sondern den Sprung ins kalte Wasser wagen.

Elena kannte schon etliche Frauen, die vom eigenen Büro aus ihr Fachwissen an Firmen, Institute, Verlage verkauften. Sie alle hatten vorher *auf dem Seil getanzt* und mit dem mutigen Schritt wieder Boden unter ihre Füße bekommen. Das Gleiche würde auch ihr gelingen!

Sie kleidete sich chic und machte sich nach dem Frühstück festen Schrittes auf den Weg zu den Ämtern. Verschiedene Bekannte grüßten sie freundlich auf der Straße.

Ich werde wieder gesehen, spürte sie mit Genugtuung. Eigenartig. Aber so ist das eben. Der Dynamo bringt die Fahrradlampe ja auch erst zum Leuchten, wenn das Fahrrad sich bewegt! Wir Menschen werden erst sichtbar und bekommen eine Ausstrahlung, wenn wir selbst aktiv werden.

Die Sonne schien warm und brachte die Luft zum Glitzern, Elena konnte nicht widerstehen und setzte sich in einem Straßencafé an einen kleinen weißen Tisch. Ihre Seelenhaut war heute bis zum Zerreißen gespannt; nach ihrem großen Entschluss spürte sie durch alle Poren ihres Wesens wieder das Leben, atmete im Einklang mit der Welt.

Sie umfasste mit beiden Händen die dicke Cappuccino-Tasse und träumte vor sich hin, als ein junger Mann sie fragte, ob er sich zu ihr setzen könne. Ganz in Gedanken antwortete sie mit einer beiläufigen Geste, bitteschön. Im gleichen Augenblick blieb ihr das Herz fast stehen. Er war der schöne Rothaarige von gegenüber, der sich zu ernster Musik so hinreißend sanft und fließend bewegte.

Er bestellte sich einen grünen Tee, und sie sah zum ersten Mal von Nahem seine dünnen Arme mit der weißen Haut und den mageren Härchen darauf, und dann dachte sie, wie schön er wurde durch seine Bewegungen! Wieder einmal ihr Dynamo-Prinzip. Erst die Bewegung, dann das Leuchten.

Sie kamen miteinander ins Gespräch, und sie gestand, dass sie ihn schon bei seinen Übungen am Fenster gesehen hätte. „Warum turnen Sie bei klassischer Musik?"

„Ich habe herausgefunden, dass eine festliche, getragene Musik mir wohltut und mir genau das ruhige Tempo vorgibt, mit dem ich meine Übungen ausführen muss. Weder mein Lehrer noch der alte Johann Sebastian Bach sollten das so genau wissen", lachte er.

„Sie lassen sich also bewegen von der Musik, damit Sie sich mit ihrem Körper bewegen können?"

„Nein, sagte er. Ich will mich bewegen. Ich mache Tai Chi. Ich bewege mich jeden Tag in diesen sinntragenden Formen, und das gibt mir ein ganz intensives Lebensgefühl. – Sicher gibt es auch Menschen, die man erst dazu bewegen muss, sich zu bewegen, so wie man vielleicht mal ein Auto anschieben muss, damit es in der Winterkälte anspringt.

Elena hüstelte zustimmend.

In der folgenden Woche, als sie ihren nächsten Arzttermin wahrnahm, erzählte sie lebhaft von ihren Plänen, und der Doktor sagte: „So schnell wie Sie habe ich noch nie einen Menschen von seinen Depressionen geheilt."

„Das waren nicht Sie!", erwiderte sie. Aber dann lächelte sie nur und dachte an den rothaarigen jungen Gott.
Wie hätte sie auch ihrem Arzt die Sache mit den Bewegungen und dem großen Schritt erklären sollen?!

Das selbst gemachte Bild von England

Hisao

Kühl und nass war es. Ungemütliche Böen griffen unter seinen Kurzmantel. Seinen Reisehut drückte er mit einer Hand fest auf den Kopf. Der schmale alte Herr stemmte sich gegen den Wind.
Er konnte nicht auf seine abendliche Runde um den Block verzichten.
Wie schlecht es ihm wieder war! Nach 14 Tagen in England fürchtete er, dass sich an seinem Problem nichts ändern würde.
Hundertsechsundzwanzig, dachte er stirnrunzelnd.

Er machte einen großen Schritt über eine Pfütze.

Hisao hatte volle sechs Wochen gebucht. Ein gründlicher Sprachurlaub sollte ihn, den ehemaligen Angestellten in der Rechtsabteilung eines großen japanischen Unternehmens, fit machen für zukünftige Reisen durch die ganze Welt.

Ein nasser Zweig schlug ihm gegen die Stirn. Er hatte nicht hochgeschaut und ging zu nah an den überwucherten Zäunen der Vorgärten vorbei. Hisao wischte sich mit dem Handrücken das Wasser aus dem Gesicht. Den Juni hatte er sich eigentlich anders vorgestellt. Zuhause hatte er vom paradiesischen Rosenmonat geträumt. Glitzernde Spinnweben in der Morgenkühle. Dann Sonnenflimmern über duftenden Gärten. Vor der Nacht aprikosenfarbene Wolkenberge am Himmel. Berauschend wie in der Literatur, die er seit Jahren verschlang.

Ein Mann, der seinen Hund ausführte, kam ihm entgegen, verlangsamte seinen Schritt und grüßte ihn freundlich.

„Typisch englischer Sommer heute ..., ist es nicht so?“

Hisao lächelte zurück, weil sich das so gehört. Er tat immer, was sich gehört. Er aß auch immer den Teller leer.

Hundertsechsundzwanzig Kartoffeln, dachte er wieder, und seine Mimik glitt langsam in seine Grundstellung zurück, zeigte sein neutrales glattes japanisches Gesicht, hinter dem er üblicherweise alle seine Gedanken verbarg. Er nahm den kleinen Hut in die Hand und strich sich über sein schütteres, ordentlich nach hinten gekämmtes graues Haar.

Es hatte aufgehört, zu regnen.

Sechs Wochen lang würde er also täglich drei Kartoffeln essen müssen, hundertsechsundzwanzig insgesamt. Er musste schließlich die Hausfrau ehren. Er seufzte tief.

Muriel hatte ein Leben lang für einen körperlich schwer arbeitenden Ehemann gekocht. Sie servierte mit freundlichem Gesicht überaus üppige Tellergerichte mit jeweils drei Kartoffeln. Und wahrscheinlich fühlte s i e sich großartig, weil sie das Bewusstsein haben konnte, für ihre Gäste mehr als genug zu tun!

„Hat sie noch nie etwas von Reis gehört?“, fragte Ikuko einmal, als er ihr, streng vertraulich und unter vier Augen, in der Pause des Unterrichts sein Leid klagte. „Bring ihr doch ein japanisches Kochbuch mit!“ Und sie kicherte so laut, dass er sie mit einer strengen Geste bremsen musste.

Hisao und Ikuko waren die einzigen japanischen Schüler in der Gruppe. Sie hatten es besonders schwer. In ihrem Land lernte man nämlich Fremdsprachen ausschließlich über Lesen und Grammatik. Nur das Schriftliche war wichtig. Freies Sprechen war ihnen völlig neu.

Im Unterricht redeten Schweden, Schweizer, Franzosen und Deutsche bei jedem Thema sofort drauflos. Für die Japaner war das nicht möglich.

Hisao, der noch nach alter Schule erzogen war, ging Aufgabenstellungen besonders sorgfältig an. Sein Blick wurde glasig, während er zunächst das Problem für eine Weile in seinem Kopf wälzte. Dann begann er gedanklich, einen geeigneten Satz dazu in Englisch zu formulieren. Schließlich feilte er noch solange daran herum, bis seine Aussage perfekt und fehlerlos sein würde. Aber ... seine japanische Diktion ließ die Anderen seinen Satz nur schwer verstehen: „Sorry, Hisao, w a s hast du gesagt?"

Auf diese Weise verliefen sich seine Gedanken, Aussagen und Wünsche oft im Nichts.

So kann es nicht weitergehen, dachte er. Ich komme nicht zum Zuge. Und dann: jeden Tag die Übelkeit, weil ich die Kartoffeln nicht abbestellen kann.

Am Abend blieb er für lange Zeit in seinem Zimmer. Was macht er da bloß im Kalten, fragten sich die Hausbewohner.

Nun, er zog drei Pullover übereinander an, setzte sich an seinen kleinen Tisch und dachte nach. Schließlich konnte er einen wunderbar höflichen Satz notieren, den er noch mehrere Male prüfte.

So weit, so gut. Er flüsterte diesen Satz wieder und wieder vor dem Spiegel. Er achtete darauf, dass seine Zungenspitze beim englischen ‚th' kurz zwischen der oberen und der unteren Zahnreihe sichtbar wurde; die Lehrerin zeigte das täglich.

Er hatte auch nach seinen speziellen Schwachstellen gefragt und erfahren, dass Japaner grundsätzlich dazu neigen, aus einem ‚l' ein ‚r' zu machen, und dass sie gerne bestimmte Vokale nur anhauchen, was es so schwer macht, sie zu verstehen. Das alles musste beachtet werden. Er unterstrich die schwierigen Wörter und wiederholte sie viele Male.

Nachts, im Traum, sprach er weiter Englisch. Es hörte sich ziemlich erstickt an, weil sein Gebiss im Wasserglas lag und die Zähne für das englische ‚th' doch sehr fehlten.

Er übte weiter. Am nächsten Morgen ging er tief in Gedanken versunken ohne Jacke zur Bushaltestelle, den Kopf vornübergebeugt, leise zum Bürgersteig hin murmelnd. Es war recht kühl, aber sein Ehrgeiz, es zu schaffen, wärmte ihn von innen.

Er durchlief den Unterricht, die Pausen, das Sandwich zum Mittag, den Nachmittagsausflug in einen englischen Garten, ging dort allein vor sich hin, badete in Blumenduft und Vogelgezwitscher, wurde gestreichelt von Sonnenstrahlen, merkte es nicht, kam nach Hause, begrüßte die Hausfrau, überwand sich, ihr voll ins Gesicht zu schauen, holte tief Luft und sagte seinen höflichen Satz auf, sie möge ihm in Zukunft bitte weniger zu essen servieren, er sei große Mengen nicht gewohnt, und bitte ganz ohne Kartoffeln!, vielen Dank.

Hans

Entspannt lehnte Hans an der Hauswand und blinzelte in die vorüberziehenden Wolken, während er eine Zigarette rauchte.
Was soll's, die können sowieso alle weniger als ich, dachte er, als die anderen Schüler eintrafen und sich im Warteraum versammelten, um ihre Schularbeiten miteinander zu vergleichen. Kinderkram.

Seine Frau hatte ihn bearbeitet, hier einen Sommerkurs zu belegen. Sie hatten drei Jahre lang in Amerika gelebt, genauer gesagt: in Texas, und Hilde meinte, sein Slang wäre so was von breit und unverständlich, dass sie sich schämen müssten, wenn in zwei Monaten das große Familienfest wäre und die vielen Gäste aus aller Welt kämen. Außerdem könnte er gerne ein paar gute Manieren der alten Welt wieder auffrischen.

„Ich muss dringend veredelt werden", grinste er, wenn seine Mitmenschen ihn nach dem Grund seines Hierseins fragten.

Es klingelte laut und er ging ins Haus, wuchtete sich die schmale, teppichbelegte Treppe hoch, betrat als Letzter den Raum, quetschte sich zwischen der Wand und den Stühlen an der Längsseite des Tisches vorbei und nahm an der Stirnseite, wo er beliebig zurückrücken konnte, Platz.

Seine Augen leuchteten kurzfristig auf, als Karen, die prallbusige Lehrerin, eintrat. Zwei Melonen unter einem Stretch-T-Shirt, – boah-eyyy –, dachte er. (Selbst seine Gedanken benötigten dringend eine Kultivierung!)

Das Thema des Tages interessierte ihn nicht sonderlich. Höflichkeitsfloskeln. Einmal meldete er sich zu Wort:

„Wenn mir jemand auf die Füße tritt, dann soll ich auch ‚sorry' sagen??? Wieso? Weil ich zufällig da gestanden habe?"

„Ich weiß nicht warum, aber das ist in England eben so üblich," sagte die Vollschlanke.

Hans lehnte sich zurück und murmelte nur: „Nicht mit mir! So ein Schwachsinn!" Mit seinen sechzig Jahren machte er sich sowieso fast alle seine Regeln selbst.

Vielleicht war es die Luftveränderung: Hans freute sich sehr aufs warme Essen. Das verlief dann allerdings nicht ganz so gepflegt, wie er es sich erhofft hätte.

Seine Gastgeber hatten zwei kleine Kinder, einen Hund, immer das totale Chaos und eine sehr lockere Einstellung.

Zunächst einmal, damit der Hund ständig rein- und rausrennen konnte, stand den ganzen Tag über die Terrassentür offen, auch bei Wind und Regen, auch bei nur 13 – 16 Grad.
Es wehte ihm ständig kalt in den Rücken.

Die Kinder wippten mit ihren Stühlen, kämpften um die Ketchup-Flasche, machten Terror.

Nach dem Hauptgericht sagte die junge Hausfrau: „Oh, Nachtisch habe ich ganz vergessen. Möchte jemand Nachtisch haben? Ich könnte Eis aus der Tiefkühltruhe holen, das ist dann zwar ein bisschen hart, oder schnell einen Fertigpudding anrühren. Wer möchte was?"

Die Kinder waren ohnehin schon aufgestanden und spielten Nachlaufen rund um den Tisch. Der junge Hausherr erhob sich, um bei seinen Renovierungsarbeiten weiterzumachen.

Hans hob dankend die Hände. „Ich brauche nichts."

Danach bot sie an: „Kaffee oder Tee?"

„Kaffee, bitte", sagte Hans.

„Mach' dir welchen. Du weißt ja, wo er steht."

Sie griff sich ein buntes Magazin und ließ sich in den großen Kaminsessel fallen, um ihren wohlverdienten Feierabend zu genießen …

Nach ein paar Tagen musste Hans einen kleinen Vortrag für die Schule ausarbeiten. Nichts leichter als das, dachte er. So was muss ich doch nicht vorbereiten! Ich werde denen einfach irgendwas erzählen, und sie werden mich alle anstaunen. Leute, die noch an ihrem Englisch zu knacken haben!

Als er an der Reihe war, pflanzte er sich an der Schmalseite des Tisches auf, gewaltig breit und schwer, imposant. Und die Leute dachten, jetzt muss etwas ganz Großartiges kommen.

Aber er erzählte nur, wie er seine Frau kennengelernt hatte, das hatte keinen Anfang und kein Ende, war eigentlich nur eine Aufzählung mit, 'und dann' ...

„Ja und?“, fragte Karen.

„Nichts, 'ja und'“, sagte er. Das war’s. Und er fühlte selbst das gewaltiggroße Loch in der Magengegend, und dass er etwas völlig Nichtssagendes dahergeschwätzt hatte.

Sein Vorgänger noch hatte mit seiner Geschichte riesige Lacher und leuchtende Augen erzielt, obwohl er gelegentlich nach Vokabeln gerungen hatte.

„Dann will ich dir jetzt mal sagen, worauf du achten musst“, machte Karen weiter. „Da waren ein paar Ausdrücke, die versteht man hier überhaupt nicht ... Was hast du damit gemeint?“

„Und dann müsstest du ein wenig an deiner Aussprache arbeiten. Sprich mir doch einmal nach: ...“

Wie ein kleiner Junge kam er sich vor. Verdammt noch mal, sein Selbstbewusstsein bekam gerade einen Sprung. Die will mich einfach nicht verstehen! Hat zwar dicke Klötze in der Bluse aber nicht für fünf Pfennig Feingefühl! Sch...!!!

Mr. Day

„Wenn du wüsstest, mit was für Problemen die Leute hier immer in mein Büro kommen ...“ Mr. Day, der Leiter der Sprachschule, lockerte seine Krawatte, ließ sich in seinen Drehsessel fallen und bewegte sich damit nervös hin und her. „Das Essen bekommt mir nicht, der Salat ist zu sauer, der Kaffee schmeckt furchtbar, das Klo ist immer besetzt, das Bad kann man nicht verriegeln, ich bekomme keine frischen Handtücher, die Bettwäsche ist aus Nylon, das Zimmer ist zu kalt, der Fernseher brüllt den ganzen Tag, die Hausfrau stellt meine persönlichen Sachen ständig in Reih’ und Glied, ich habe keine Ablagemöglichkeit für meine Bücher wegen der vielen Aufstellfotos und Nippesfigürchen auf allen Kommoden ...“

Sein Freund, auf der anderen Seite des Schreibtisches, grinste amüsiert.

„Sogar das Wetter lasten sie mir an! Und dann das Elendssystem unserer englischen Verkehrsbetriebe, und ..., und ..., und ... "

„Freu' dich doch!", sagte Geoff. Er zwirbelte an seinem struppigen rotblonden Schnurrbart. „Gib ihnen anständig Leidensdruck, und sie werden deinen Ruhm in die Welt tragen."

„Wie soll ich das verstehen?", Mr. Day stand auf, ging zum Sideboard, stellte zwei Tassen auf ein kleines Tablett, goss etwas frische Milch hinein, dann den heißen Tee aus der Warmhaltekanne ...

„Und bitte die schottischen Butterkekse für mich", sagte sein Freund.

„Gerne." Mr. Day setzte sich wieder. Sein dunkler Nadelstreifenanzug und sein Ehrgeiz machten ihn recht blass. Er wollte der größte der Anbieter auf dem Markt werden.

„Sieh mal", sagte er, „ich arbeite gerade an einem neuen Werbeprospekt. Wie findest du das?"

... Mein Ziel ist es, den Schülern einen angenehmen Aufenthalt zu bieten, dazu neben hervorragendem Unterricht eine Fülle von Anregungen, die ihnen ein gutes Bild von England und englischer Lebensart vermitteln werden ...

Geoff war ein Menschenkenner. Er führte regelmäßig Mr. Days Schülergruppen durch die Stadt und abends durch die Kneipen, erzählte ihnen farbige Geschichten, sah Gesichter aufleuchten, studierte in ihnen ihr Leben. „Du kannst kein Bild vermitteln", sagte er. „Menschen machen sich ihr Bild von der Welt immer selber."

Er rührte eine Weile lang in seinem Tee. „Weißt du, alle haben ihren eigenen Charakter und fühlen sich immer irgendwie, haben vielleicht Verdauungsstörungen oder Kopfschmerzen, frieren oder schwitzen, haben Hunger oder sind zugestopft, sind neugierig oder spüren Überdruss ..., und dann sehen sie nur, was s i e wollen. D u hast da wenig Aktien drin.

Mr. Day runzelte die Stirn. „Dann sag doch mal, was kann ich tun?"

„Da kommen wir wieder auf den Leidensdruck zurück. Lass' ein paar Stolpersteine im Programm. Du musst die Menschen zum Handeln zwingen. Lass' sie so richtig verzweifelt sein, bis sie freiwillig den Mund aufmachen und in der Fremdsprache ihr Problem lösen. Dann spüren sie den Lernerfolg.

Es sind die selbsterlebten Erfolge, die dem Bild, das die Schüler von England gewinnen, Tiefe und Aussage geben.

Geoff nahm den Werbetext wieder in die Hand.

> *... Sie werden mit einer Fülle von Denkanstößen nach Hause fahren ...*

„Das jedenfalls stimmt. Denkanstöße bekommen sie alle. Mindestens eine Spätwirkung wird das haben.“

Und so war das auch. Hisao zum Beispiel fand nach seinem ersten Erfolg mit der Kartoffel-Reklamation seinen Weg, aus eigener Kraft weiterzulernen.

Und Hans, der doch zunächst gekränkt war, entdeckte eine unauffällige Methode, sich weiter zu schulen. Er hörte zu Hause jeden Tag die Nachrichten von BBC, was seine eigene Aussprache kontinuierlich verbesserte.

Der Lernprozess war bei beiden in Gang gekommen.

In ihrem Herzen trugen sie später, gewissermaßen nach der Entwicklungszeit, das vom eigenen Selbstgefühl veredelte, wunderbare, hochglänzende, schöne Bild von England, das er ihnen so gern vermitteln wollte.

Mr. Day würde sich freuen, wenn er es wüsste!

Der Treff-Tag

Mit großem Fleiß hielten die Aldermanns ihr kleines Lebensmittelgeschäft in der Innenstadt am Laufen. Hiermit hatten sie sich eine Existenz aufgebaut, und damals hofften sie, ihr Sohn würde das Ruder eines Tages übernehmen. Aber es kam anders.

Frank, ein abenteuerlustiger Technik-Freak, war vor einem Jahr zusammen mit seiner jungen Frau nach Australien ausgewandert und fuhr dort mit seinem Wohnmobil durch weite Gebiete, um im Auftrag eines Spezial-Unternehmens Land- und Baumaschinen sowie Sonderfahrzeuge zu reparieren und zu warten.

Wie gut, dass es so gekommen ist, dachten sie jetzt, als es klar war, dass in absehbarer Zeit ein Supermarkt in ihrer Nachbarschaft errichtet

würde. Für ihren Tante-Emma-Laden gab es keine Überlebenschance mehr.
Na ja, sie hatten das Alter, und außerdem hätten sie das Geschäft ohnehin nicht vererben können.
Ilse und Herrmann planten nun ihre schon immer erträumte Weltreise.

Die Fachleute vom Reisebüro empfahlen ihnen eine vierwöchige Tour mit Stützpunkten in New York, San Francisco, Honolulu, Sydney, Singapur und Delhi.

"Oh, Sydney ist dabei und möglich!", jubelte Ilse. Wir müssen Frank informieren. Hoffentlich können wir uns dort mal treffen!"

Sie legte die Unterlagen, die sie bald bekam, auf dem Tisch nebeneinander, um die Daten zu überblicken und notierte:

– bis 14. September Honolulu, – ab 15. September Sydney.
Das waren die Zeiten, die sie per E-Mail an ihren Sohn weitergab, und dazu: *Ankunft 14.45 Uhr. Wir treffen uns dann zum Tee in unserem Hotel!*

Frank gab seine Informationen weiter ans Büro seines Arbeitgebers, wo man es hinbekam, seine Auftragsroute familienfreundlich einzurichten. Es klappte wirklich! Nachmittag und Abend in Sydney waren als freie Zeit für ihn eingeplant.

Die jungen Leute freuten sich auf den Besuch aus der Heimat, und die Senioren konnten es kaum erwarten, die Kinder wiederzusehen.

Die Etappe davor war Honolulu. Heiße Luft schlug ihnen entgegen, als sie das Flugzeug verließen. Ihr Hotel, der ehemalige Palast einer hawaiianischen Prinzessin, war ein weißes viktorianisches Gebäude mit hohem Säuleneingang, umrahmt von Palmen. Vom Garten her wehte eine wohltuende Brise durch die offenen Hallen, es gab prachtvolle Steinfußböden, kostbare Teppiche, freistehende runde Mahagoni-Tische mit riesigen Blumen-Arrangements, Blumen auch auf Seitentischen und in den Nischen, Orchideenpflanzen neben kleinen Verbindungstreppen, die unterschiedliche Ebenen miteinander verbanden, dazu Mini-Wasserfälle und Springbrunnen. Ilse und Herrmann versanken in einem Traum.

Am frühen Nachmittag (hier lagen alle Termine sehr früh) gab es den High Tea auf der Veranda mit Blick in den Innengarten. Die Luft war voller Vogelgezwitscher, dazu sank mehr und mehr das mächtige Rauschen des Pazifiks in ihr Bewusstsein, im Hintergrund ertönte leise Piano-Musik.

Die Menschen saßen auf breiten Korbstühlen an runden Tischen mit bodenlangen Tischdecken und frischen Blumendekorationen. Für jede Dame gab es einen geschnitzten Fächer.
Junge Frauen in langen schmalen Röcken und unter dem Kinn gerafften langärmeligen Seidenblusen schoben weiß-behandschuht große Teewagen vor sich her, auf denen eine Tee-Auswahl vorbereitet war, die dann am Tisch nach Wunsch zubereitet wurde.
Auf 3-stöckigen Etageren wurden Sandwiches, Minikuchen, englische Scones, dazu Clotted Cream und eine Konfitüren-Auswahl serviert. Auf den Tellern lag jeweils eine Orchideenblüte.

Herrmann legte seine Hand auf die von Ilse. Sie atmeten gemeinsam in tiefen Zügen diese ungeheure Schönheit ein, die ihre Herzen schneller schlagen ließ. Und dabei war ihre Brust doch schon zum Zerreißen gespannt von Vorfreude auf das Treffen.

"Wir werden viel zu erzählen haben", sagte Ilse.

"Das gibt bald ein Kontrastprogramm. Hoffentlich können wir Franks Wohnmobil mal besichtigen", fügte Herrmann hinzu, "vielleicht finden sie eine Möglichkeit, es in erreichbarer Nähe zum Hotel abzustellen."

Man ist immer nur da, wo die Gedanken sind.

Da saßen sie also, die Aldermanns, mitten im Paradies, gestreichelt von einer sanften Meeresbrise, verwöhnt wie Könige, betörend 'betönt' von Natur und Hintergrundmusik, und wo waren sie? In einem wahrscheinlich muffig riechenden gebraucht-gekauften Wohnmobil.

Sie streiften über den Waikiki-Beach, machten eine Insel-Tour, erlebten Vulkankrater und Regenwald, alles dies; aber ihre Sehnsucht zog sie mehr und mehr zum 15. September.

Endlich ging es weiter. Der Non-Stop-Flug von 10 1/2 Stunden, brachte sie zum Ziel ihrer Wünsche. Mit dick geschwollen Füßen taumelten sie am frühen Nachmittag hinaus in die Ankunftshalle des Flughafens.

Erst auf dem Monitor ihres Fernsehers im Zimmer, als sie alle Hotel-Daten aufriefen, auch um zu sehen, wie ihre Vorauszahlung in australische Dollars umgerechnet worden war, erst da sahen sie bewusst das Datum des Tages:

16. September …???

Moment mal, rechnete Herrmann, wir sind am 14.09. um 07.15 Uhr abgeflogen und um 14.45 Uhr hier angekommen nach zehn Stunden und 30 Minuten. 3 Stunden Zeitverschiebung muss ich abziehen, da komme ich auf 14.45 Uhr.
Nach ein, zwei Schreckminuten in völliger Starre schlug Herrmann sich jedoch mit der flachen Hand vor die Stirn: die Datumsgrenze! Die Leute vom Reisebüro haben die Datumsgrenze übersehen.
Was es damit auf sich hat, sah er später noch einmal genau im Computer nach:

> *Längs des 180. Längengrads von Norden nach Süden durch den Pazifischen Ozean verlaufende gedachte Linie, an der das Datum 'springt'. Überschreitet man die Datumsgrenze in Ost-West-Richtung, so ist das Datum einen Tag voraus, und man muss in seiner Zeitrechnung einen ganzen Tag überspringen.*

Er rief Frank an und erklärte den ganzen Sachverhalt.
"Was wir übersprungen haben, das war unser Treff-Tag. Sei nicht traurig", sagte er zu seiner Frau. "Alle sind gesund. Allen geht es gut. Shit happens. So etwas passiert eben. Wir sollen jetzt einfach mal die burschikose Freundlichkeit der Menschen hier genießen, sagt unser Sohn am Telefon."
"Shall I dance for you?", fragte der Ober und wippte vergnügt mit dem ganzen Körper hin und her, als sie mit ernster Miene im Hotel-Restaurant ihr Abendessen bestellten.

Entfernung San Francisco – Honolulu = 5.810 km Luftlinie
Entfernung Honolulu – Sydney = 8.175 km Luftlinie

Die Umstellung

Wahrscheinlich war die Zeit reif für etwas Neues. Zu lange schon lief das Leben auf geraden Schienen. Sie tauschte ihre Haushaltsroutine gegen eine tägliche Herausforderung und stellte von einem Tag zum anderen ihren Speiseplan auf Vollwertküche um.

Karolin kam zurück von einem mehrtägigen Kurs über gesunde Ernährung und rollte voller Tatendrang ihre Ärmel auf. Sie ersetzte das leere Mehl durch selbst zu mahlendes Bio-Getreide, den Zucker durch kalt geschleuderten Honig, kaufte Vollmeersalz, das Mineralstoffe genau in der Zusammensetzung des menschlichen Blutes enthält. Sogar zum Backen nahm sie jetzt gute Butter anstelle von Margarine, da Butter seit eh und je ein natürliches Fett ist, das die Menschen leicht verdauen, wohingegen Margarine, wie Fachleute sagen, Fette enthält, die durch die industrielle Bearbeitung in ihrer molekularen Zusammensetzung verändert und damit für den menschlichen Stoffwechsel möglicherweise gefährlich sind.

Sie hatte fleißig dazugelernt. Das passte zum Muster ihrer Familie. Ihre Mutter war in Ernährungsdingen auch immer aufgeschlossen gewesen.
Sie hatte zum Beispiel gewusst, wie manche Lebensmittel wirken. „Blumenkohl beruhigt", klang Karolin seit Kindertagen im Ohr.

Ihre Großmutter war eine blitzgescheite und moderne Frau in ihrer Zeit, als das Reformhaus erfunden wurde. Sie wählte von hinzukommenden Erkenntnissen aus, was sie für sich und ihre Familie für nützlich hielt. Geschichten wurden erzählt, wie eine Zeit lang ‚Kieselsäure' ihr Thema war. Dem Großvater hat sie sicher eine ganze Menge davon heimlich ins Essen gerührt. Gut fürs Bindegewebe und eine stramme Haltung. Vielleicht war er deshalb mit 80 Jahren noch ein so schöner und aufrechter Herr.

Karolin wollte vor Ihrer Schwägerin glänzen und lud sie zu einem zweiten Frühstück ein. Jedoch, die ersten selbst gebackenen Vollwertbrötchen waren eine Katastrophe. Zu hart. (Noch wusste sie nicht, dass die Kruste angenehm wird, wenn man ein Gefäß mit Wasser für etwas Dampfentwicklung in den Backofen stellt). Unansehnlich in der Farbe. (Nun, an die Schlammfarbe würde man sich gewöhnen. Schließlich wird hier Getreide mit Keim und Schale, also mit allem Guten, verarbeitet, und nicht nur wertloser weißer Staub erzeugt). Die Brötchenwatte kratzte auf der Zunge wie ein kleiner Stacheldrahtverhau. Das kam daher, dass die Getreidemühle eher ein winzig kleines scharfkantiges Granulat erzeugt als das bekannte Mehl. (Ganz einfach, beim nächsten Mal wählte Karolin Dinkel statt Weizen. Das ergab ein viel sanfteres Ergebnis). Die Brötchen waren zu fad. (Sie wusste, dass Vollmeersalz zwar wichtige Mineralstoffe mitliefert, merkte aber erst jetzt, dass es weniger ‚salzig' schmeckt als das einfache Tafelsalz. Das ließ sich für zukünftige Rezepte einfach berücksichtigen).

Für die Schwägerin waren die Brötchen nur hart, dunkel, kratzig, ohne jeden Geschmack. Sie erzählte in der ganzen Verwandtschaft, dass Karolin jetzt völlig durchgedreht wäre. „Die spinnt! Wechselt einfach über zum Lager der Körnerfresser. Die arme Familie!"

Karolin allerdings hatte beim ersten Durchgang schon eine Menge gelernt und arbeitete an den Verbesserungen. Immerhin, der morgendliche Frischkornbrei war an Köstlichkeit nicht zu überbieten. Und es gab Highlights bei neuen fantasievollen Salatrezepten. Ihr Mann aß sich mit großem Interesse durch. Die beiden Kinder studierten schon und konnten so glücklicherweise nicht tagtäglich ihren Kommentar zu Mutters Versuchen abgeben.

Sicher, Besucher waren ein bisschen verblüfft, wenn ihnen honiggesüßte dunkelfarbige Kuchen serviert wurden. Karolin fand bald eine helle Honigsorte, die nur süß aber nicht penetrant schmeckte und prima küchengeeignet war. Das Backen war jetzt nur noch ein technisches Problem. Beim Teigrühren fehlte das gewohnte stabile Gerüst von schaumig gerührter Masse aus hartem Margarinefett und körnigem Zucker. Die Butter rührte sich sanft-weich, der Honig war flüssig. Da hieß es üben, üben, üben, bis eine brauchbare Teigkonsistenz entstand. Eine Weile noch waren die Gäste ein bisschen zurückhaltend mit ihrem Lob. (Und sicher hinter der Hand voller Kritik!).

Das neugewonnene Interesse öffnete für Karolin und ihren Mann den gastronomischen Horizont. Sie gingen mit Neugier hin und wieder dort essen, wo vegetarische Vollwertküche angeboten wurde. Zunächst waren das jugendherbergsähnliche Häuser mit blankem Boden und harten Tischen, frei von jeglichem Ambiente, doch mit der Zeit kamen ein paar große Kübelpflanzen in die Räume, die Wände wurden aprikosenfarben gestrichen, die Tische dekoriert mit Kerzen und bunten, schön geschliffenen Steinen; teure Leute kochten sichtbar für die interessierten Gäste hinter Glaswänden, Ausländer offerierten exotische Köstlichkeiten.

Karolin lernte, kochte nach, machte Notizen.

Die Einladungen vonseiten ihrer Freunde wurden rar. Wer einmal zum Beispiel in Brühe gekochte Hirse, vermischt mit Trockenfeigen, zu mit Sojasoße überträufelten, knapp gegarten Zucchinistäbchen und kleinen Honigmöhren bei ihr gegessen hatte, stand ratlos zu Hause und wusste wirklich nicht, wie er sich da revanchieren könnte.

Hin und wieder überfiel Karolin ein nagender Selbstzweifel. Machen wir mit unserem ‚Anders-Essen' vielleicht einen großen Fehler und isolieren uns? Die Fertigpizza-Aufwärmer und Pommes-frites-Anhänger unter ihren Verwandten jedenfalls führten ein unbekümmertes und geselliges Leben.

Auf der anderen Seite konnte sie ihr in langen Jahren erworbenes Ernährungswissen nicht einfach in den Keller schicken, was sicherlich bequem gewesen wäre. Aber dann überwog zum großen Glück auch wieder ihre Experimentierfreude. Irgendwann schlugen die Gene ihrer Mutter durch und sie interessierte sich mehr und mehr für die Wirkung von Nahrungsmitteln.

Gut: Blumenkohl beruhigt. Schokolade macht glücklich: Das weiß heute jeder.

Aber was ist mit all den anderen Nahrungsmitteln? Wie wirken Süßes und Saures, Kaltes und Heißes, Sanftes und Knuspriges?

Zusammen mit ihrer jüngeren Tochter hatte sie schon herausgefunden, dass sie, wenn sie ausgeführt wurden, an traurigen Tagen Weiches, Dunkles, Warmes, Vertrautes wählten. Fühlten sie sich unternehmungslustig und kess, suchten sie das Abenteuer, wobei sie mehr und mehr von der modernen vegetarischen Vollwertküche mit ihren Salaten, Getreidegerichten und Aufläufen kennenlernten.

Wählen wir aus einer Stimmung heraus das Essen, das wir brauchen, oder können wir mit geeignetem Essen die gewünschte Stimmung erzeugen?

Karolin biss sich gerne die Zähne aus an einem Thema. Sie arbeitete sich leidenschaftlich vor bis in die Tiefe. Und was das Essen anging, so liebte sie dunkles, hartes Körnerbrot und Nüsse. Und meine Schwägerin, dachte sie, die nicht beunruhigt werden will und nicht bereit ist, sich mit Neuem auseinanderzusetzen, bevorzugt weiche Fischstäbchen und Kartoffelpüree aus dem Päckchen.

Das Thema wird auf immer spannend bleiben.

Die Zeit arbeitete für Karolin. Die Vollwertküche wurde modern. Mehr und mehr Frauen aus der gehobenen Mittelschicht drängten sich in den Naturkostläden. Die Kundschaft hatte ihr Aussehen verwandelt. Aus in Säcken gekleideten fetthaarigen Eigenbrötlern waren gut angezogene gebildete Menschen geworden, die es sich leisteten, für sich und ihre Familie bestmöglich zu sorgen. So wie damals Karolins Großmutter unbeirrt nach bestem Wissen für sich und die Ihren gewirtschaftet hatte.

Die Freunde, die anfangs eine Weile weggeblieben waren, kamen jetzt gezielt, um einen Abend mit Vollwertkost zu genießen. Sie gierten nach Rezepten. „Frische Ananas, Orange, Birne, Pfirsich, Avocados, Zitronensaft und Gewürze miteinander vermixen, ist das die cremige Soße zu ‚Sultans Traum'?"

„Ich habe auch eine Getreidemühle", sagt eine Freundin. „Die musste ich damals kaufen, als mein Mann einen Herzinfarkt hatte. Die Leute in der Klinik schlugen mir Vollwertküche vor. Wenn ich ehrlich sein soll, das ist mir zu anstrengend. Die Mühle steht jetzt oben auf dem Schrank. Aber ich muss zugeben, dass ich immer gerne zu dir komme und von deinem Kuchen oder Brot probiere. Wie kriegst du das nur hin?"

Der Coup seines Lebens

"Eigentlich bist du ein Verräter …" Sie runzelte ihre Stirn. "Das kostet doch sicher ganz viele Leute ihren Arbeitsplatz."

"Fressen oder gefressen werden! Ich kann nicht mehr über die Leute nachdenken, ich muss meine eigene Haut retten." Dave rollte die Augen ostentativ nach oben. "Und wenn du es immer noch nicht begreifst, dann erkläre ich es dir gerne *noch einmal!!!*"

Sie saßen bei ihrem teuren Italiener und warteten auf das Hauptgericht. Linda drehte nervös ihr Rotweinglas am Stiel hin und her. Dave tupfte aufgebracht mit dem angefeuchteten Mittelfinger Brotkrümel vom Tafeltuch.

"Du weißt doch, dass ich vor einiger Zeit aus sicherer Quelle erfahren habe, dass unsere Muttergesellschaft meine kleine Firma einfach abstoßen will. Sie wollen ihr Sortiment bereinigen und ihren Laden straffen und man sieht sich nach einem interessierten Käufer um. – Wenn denen das gelingt, dann bin ich weg vom Fenster. Glaubst du etwa" – und jetzt reckte sich Dave seiner jungen Frau aufgeregt entgegen – "dass der Neue mich übernimmt? Nein, das wird er nicht. Er bringt bestimmt einen eigenen Geschäftsführer mit. Und dann stehe ich mit Anfang vierzig draußen auf der Straße. Willst du das?"

Nebenan wurde gerade serviert. Linda folgte dem Padrone mit den Augen. Eine zarte Knoblauchduftwolke wehte herüber.

"Aber", – sie holte tief Luft –, "wie du dich benimmst, das hört sich so hinterlistig an ..."

"Das ist nicht hinterlistig, da haben sich glückliche Zufälle ergeben. Wir können dem Schicksal danken ..." Er trank einen großen Schluck vom Rotwein, und dann legte er seine Hand auf ihre und sagte: "Ich will heute mit dir feiern, dass ich am Montag meinen großen Tag haben werde und zum Abschluss komme!"

"Vorsicht, die Teller sind heiß!" Das Essen wurde gebracht. Sie zogen ihre Hände zurück und griffen nach den Stoffservietten.

"Das sieht aber gut aus!", sagte Linda, und fuhr mit der Gabel kleine magere Fleischstückchen durch ein wenig Soße spazieren. Ein bisschen wie in 'Schöner Essen' lachte sie, man sieht noch eine ganze Menge Porzellan. Aber der Blattspinat, hmmm, fettglänzend, duftend und köstlich."

Nach einer Weile kam sie wieder aufs Thema "Wie lange kennst du M. eigentlich schon?"

"Das sind jetzt 1 1/2 Jahre. Ich habe ihn seinerzeit auf unserer Fachmesse kennengelernt. Ich muss ja immer rumgehen und gucken, was die Konkurrenz so macht, und bei der Gelegenheit hab' ich seinen Stand gesehen und bin mit ihm ins Gespräch gekommen. Ich mochte ihn sofort. Er ist so offen und locker wie die Amis, die ich aus meiner Studienzeit in Erinnerung habe."

"Du hast mir damals ganz aufgeregt davon erzählt. Ihr seid dann noch abends zusammen ausgegangen, und er hat dich sofort nach drüben eingeladen."

"Ja, richtig. Ich konnte das geschäftlich gut einrichten, ihn bald in Texas wiederzusehen, und seitdem arbeiten wir zusammen und beliefern uns gegenseitig, wenn der eine oder der andere mal einen Engpass hat. Wir stellen ja die gleichen Produkte her."

"Wieso will er denn jetzt eure Firma kaufen, wenn alles so gut läuft?"

"Ich hab' ihn scharf gemacht! Ich hab' einfach behauptet, dass ein ernsthafter Kaufinteressent auf der Matte stünde (tut er natürlich nicht), und ich hab' ihm klargemacht, dass wir selbst entwickelte Spezialmaschinen haben, die die Fertigung erheblich erleichtern, mit anderen Worten, dass es bei uns schneller geht als bei ihm."

"Und da ist er nervös geworden, weil er denkt, dass mit einem neuen Inhaber ein gefährlicher Wettbewerber heranwachsen könnte?"

"Ja klar. Der Wettbewerber könnte Kampfpreise machen. Durch unsere Spezialmaschinen, die schneller produzieren, hätte er ja auch Vorteile."

"Aber diesen Wettbewerber gibt es doch gar nicht."

"Man muss eben Vorstellungskraft haben." Daves Augen blitzten. "Abends beim Whisky habe ich drüben die tollsten Märchen erzählt."

"Und schämst du dich überhaupt nicht?"

"Kein bisschen! Ich wollte M. dahin bringen, wohin ich ihn gebracht habe: uns zu kaufen. So wird mich niemals ein Fremder aus meiner Position drängen. M. braucht mein Fachwissen hier vor Ort, und langfristig male ich mir noch weitere Zukunftschancen aus."

Erstaunt sah Linda auf. "Was meinst du damit?"

"Er ist kinderlos. Ich habe keine Eltern mehr. Er hat immer wieder verschlüsselt angedeutet, wenn ich ihm günstig zu dieser Firma verhelfe, könnte er möglicherweise erwägen, mich später zu adoptieren und zu seinem Nachfolger zu machen …"

"Vielleicht hast du da etwas falsch verstanden? Kann man das englische 'to adopt' nicht auch ein bisschen weiter auslegen?"

Dave hörte überhaupt nicht hin. Er füllte wieder sein Glas und trank in großen Schlucken weiter. Sein Gesicht war schon gerötet, er fühlte sich wie in einem wohligen Nebel, nicht gerade im siebten aber in irgendeinem der sieben Himmel, er, der Held …

"Ich habe ihm günstige Preise gemacht, Werte ein bisschen frisiert, ein paar alte Anlagen vergessen zu berechnen …"

Linda schüttelte sich. "Ich bin noch so altmodisch, ich denke immer, dass man Karriere sauber durch Fleiß und Können machen sollte."

"Du hast eben keine Ahnung. Das Leben ist anders."

Der Padrone, die weiße Schürze stramm um den gewaltigen Leib geknotet, trat fragend an den Tisch.

"Je ein Dessert nach Art des Hauses", bestellte Dave, und dann sahen sie zu, wie vor ihren Augen aus der Glasvitrine ein verlockender Nachtisch komponiert wurde: Mousse au Chocolat, kleine Windbeutelchen gefüllt mit Irgendwas, ein rosafarbenes Parfait, frische Erdbeeren, Puderzuckerstaub, Fädchen von Schokosoße, Minzeblättchen zur Dekoration, ach …

Doch, Linda in Sorge, er in verschwommenem Stolz, sie beide beugten schweigend ihren Kopf darüber und aßen die Herrlichkeiten diesmal gedankenlos (oder zu gedankenvoll?) einfach nur auf.

Nach einer Weile folgte der Espresso, heiß und schwarz. Linda rührte ewig, um ein paar Körnchen Zucker darin aufzulösen.

Das war ihr letztes großes Ausgehen.

Am folgenden Montag, dem langerwarteten Tag, erfuhr Dave, dass der Vertrag mit der Muttergesellschaft abgeschlossen sei.
Dank seiner Hilfe hatte der Amerikaner die Firma unglaublich günstig bekommen. Daves Herz schlug bis in den Hals. Jetzt, jetzt würde es auch für ihn weitergehen …

Doch dann kam der Moment der jähen Erkenntnis.

"Ihre Firma wird geschlossen. Ich ziehe nur die Maschinen ab, insbesondere haben mich die deutschen Spezialanfertigungen interessiert. Auf der einen Seite halte ich mir so neue Konkurrenz vom Hals. Auf der anderen Seite werde ich drüben leistungsfähiger. – Für Sie tut es mir leid, Dave", und M. schlug ihm freundschaftlich auf die Schulter. "Aber Sie haben ja selbst gesagt, Leute von heute müssen flexibel sein. Und Rationalisierungen sind einfach unvermeidlich. Also, machen Sie es gut."

Draußen wurde es Dave schwarz vor den Augen.

Gratis nach Barcelona

Marc strahlte auf dem Gartenfest: "Wisst ihr schon das Neueste? Ich habe eine Reise nach Spanien gewonnen!!!"

"Das habe ich auch mal", sagte der Onkel meiner Nachbarin in trockenem Ton.

"Manchen gibt's der Herr im Schlafe!", stöhnte Carsten von nebenan.

Aber dann erzählte der Onkel die ganze Geschichte ...

Sein Freund hatte ihm einen Flug nach Barcelona geschenkt. Nur ... das Ticket trug den Namen des plötzlich erkrankten Mitarbeiters.

"Ich krieg' das schon hin", hatte Didi gesagt, während dem Onkel vor Angst das Herz fast aus der Brust sprang. Er hatte ihn angefaucht: "Los, mach dich unsichtbar!", und problemlos die Bordkarte am Schalter ertrickst.

Die Männer genossen den Flug, lachten, aßen und tranken, mieteten sich in Barcelona billig in eine kleine schäbigen Pension ein, promenierten in strahlender Sonne auf den Ramblas und bestellten einen Tisch im teuersten Lokal, wohin der Freund seine Geschäftspartner mit Ehefrauen zu einem großen Essen eingeladen hatte.

Der Abend: Krawatte und Manschettenknöpfe. Angstschweiß wegen der Hummer und Ähnlichem. Verknotete Beine unterm, Wohlverhalten überm Tisch. Sechsgang-Menü. Viel Sherry. Viel Rioja. Gelöstes Gelächter.

Zu später Stunde auf silbernem Teller die Rechnung. Freund Didi deponiert seine Kreditkarte und Bares für die Kellner.

Doch dann: Lautlos erscheint der Ober wieder und flüstert, dass die Maschine die Kreditkarte nicht annimmt.

Der nette Onkel bezahlt unauffällig die Riesenzeche mit *seiner* Karte.

Am nächsten Morgen erreicht sie die Nachricht, dass tags zuvor alle Bankkonten gesperrt worden sind. Die Firma seines Freundes ist pleite.

Der Onkel wird sein Geld nie wiedersehen.

Der gedeckte Tisch

Erschrocken schrie sie auf. Sie hatte das Glas verfehlt. Eine Riesenpfütze Mineralwasser machte sich auf ihrer Arbeitsfläche in der Küche breit.

Ich muss vorsichtiger sein, dachte sie, als sie alles trocken wischte. Sie stellte das Glas wieder ordentlich hin, nahm die Wasserflasche zwischen beide Hände, zielte ganz genau. Daneben!

Emmy übte die ganze Woche lang, jeden Tag neu. Es war aussichtslos. "Ich kann kein Glas mehr sehen", berichtete sie in bemüht-sachlichem Ton ihrer 60-jährigen Tochter und dem Schwiegersohn bei deren nächstem Besuch. *Ich kann kein Glas mehr sehen. Ich kann kein Glas mehr sehen.* Sie hatte diesen Satz hundert Mal leise in ihrem Wohnzimmer geübt. Sie wollte bei diesem Eingeständnis nicht schwach erscheinen! Sie wollte keine Verzweiflung bei ihren Kindern sehen, kein Mitgefühl: Sie wollte nicht mit ihnen über Unvermeidliches lamentieren. Ihre Tränen weinte sie allein. "Bitte besorgt mir einen dunklen Keramikbecher."

In der folgenden Woche fing sie an, ihrer Tochter wertvolle Vasen und Aufstellsachen aus der Vitrine mitzugeben. Erinnerungsstücke. "Ich habe Angst, dass sie mir vom Tisch fallen, wenn ich sie benutze. Ich greife so oft daneben." – Ihre Tochter empfand das wie Abschied auf Raten. Jetzt weinte *sie* jede Nacht.

Abends schob Emmy die am Tisch befestigte biegsame Halogen-Leuchte ganz tief hinunter und versuchte im hellen Licht mithilfe ihrer Lupenbrille "*ein*mal noch" die alten Familienfotos anzusehen … Ihr guter Mann, wie früh hatte er sie verlassen müssen! Der Sohn, ihm hatte sie damals alle die kurzen Hosen selbst genäht. Die Tochter, das ersehnte kleine Mädchen, wie süß sie aussah mit ihren blonden Löckchen! Ihr altes Zuhause. Der Rosenbogen. Der kleine Garten. Im Krieg dort die Hühner. Glückliche Zeiten. Ihr Mann war aus Firmengründen vom Wehrdienst freigestellt gewesen.

In Gedanken hörte sie die Geräusche von früher. Das Vogelzwitschern. Wenn sie draußen Blüten abzupfte, das Hummelgebrumm. Oft auch Kriegsflugzeuge am Himmel. Dann spürte sie wieder die heiße Dankbarkeit, dass sie alle hatten zusammen sein dürfen.

Sie roch den Duft ihrer Rosen. Den Duft des Hefesemmels, den sie samstags immer buk. Und plötzlich wünschte sie sich, die jetzt als alte Frau doch immer drüben im Seniorenzentrum essen ging, dass sie sich 'noch einmal' Bratkartoffeln mit Salat und Spiegelei machen könnte, ganz so wie damals.

Tatkräftig wie sie war, plante sie ihr Vorhaben präzise.

Donnerstags kam ein Verkaufswagen in ihre Straße. Sie holte sich ein Pfund Kartoffeln. Grünen Salat würde sie wegen ihrer schlechten Augen nicht mehr waschen können. Also Tomaten. Und zwei Eier. Mit glücklich-klopfendem Herzen ging sie in ihre kleine Küche.

Sie breitete eine alte Zeitung als Unterlage aus und stellte eine Schüssel mit Wasser bereit. Und dann merkte sie, dass sie die Kartoffeln überhaupt nicht schälen konnte. Sie sah zu wenig: ein Auge blind und eins vom grauen Star verdunkelt!

Sie wusch die Kartoffeln gründlich und kochte sie einfach mit Schale. Doch, als sie die Pelle abziehen wollte, war ihr auch dies absolut unmöglich. Sie griff daneben.

In einem wilden verzweifelten Wutanfall hackte sie die Kartoffeln mit dem Messer unter lautem Schluchzen klein, stopfte die Stücke mit den Händen in den Mund, kaute stehend am Arbeitstisch, kaute und weinte, bis sie einen Schluckauf bekam.

Die Nachbarn sagten am nächsten Tag: "Sie sehen aber blass aus! Und solche Ränder unter den Augen! Geht es Ihnen nicht gut?"

Sie ging zwei Tage nicht zum Essen. Immer, wenn sie todunglücklich war, zog sie sich für eine Weile völlig zurück.

In immer schnellerer Abfolge jagte ein Schrecken den nächsten.

Im Fahrstuhl des Ärztehauses drückte sie den falschen Knopf und landete im Keller; irrte, vorsichtig mit dem Stock den Boden abtastend, verwirrt in der grauen Beton-Kühle umher, bis ihr jemand begegnete und ihr weiterhalf.

Beim Telefonieren wählte sie nicht mehr die richtigen Nummern. Als sie dreimal hintereinander beim Falschen angerufen und sich mit ihrer hellen, aufgeregten Stimme gemeldet hatte, glaubte dieser, er habe ein Kind in der Leitung. "Kannst du denn nicht ein bisschen besser aufpassen?"

Und dann die Sache mit der Uhrzeit! Als Informationsquelle hatte sie einen sprechenden Wecker. Auf Tastendruck ertönte eine Frauenstimme mit der genauen Zeitangabe – ganz laut eingestellt, weil sie nachts ja kein Hörgerät trug. –

Wenn sie jetzt schlaflos in schwarzen Stunden dalag und gerne die genaue Zeit wusste – *Wie lange noch muss ich liegen ...? Wie viel Schlaf habe ich schon gehabt?* – steckte sie den Wecker und ihren Kopf unter die Bettdecke. "Was sollen sonst die Nachbarn denken, wenn sie mitten in der Nacht eine fremde Stimme aus meiner Wohnung hören?"

Sie, die nicht sehen konnte, erblickte plötzlich immer vor dem Schlafengehen im schon dunklen Zimmer viele Gesichter. Runde Scheiben. Augen. Münder. Es war schrecklich. – "Was ist los?", dachte sie. „Das kann doch nicht sein. Wo kommen die Menschen her?“ Sie sprach mit ihnen. Sie antworteten nicht, waberten blass vor ihrem Vorhang. – Angstvoll und zitternd ging Emmy rückwärts in ihr Schlafzimmer und zog die Türe fest zu! Mit geschlossenen Augen zog sie sich aus und tastete sich in ihr Bett. *Was ist mit mir? Was ist mit mir?*

Am nächsten Tag besuchten sie die Kinder. Sie erzählte von ihren Erscheinungen.

Die Tochter reagierte sofort. "Mutter, du hast nicht den Verstand verloren. Bestimmt nicht! Du bekommst neue Medikamente, und ich glaube, wenn man sehr alt ist, gibt es manchmal heftige Nebenwirkungen. Dazu gehören auch Halluzinationen." –

Der Hausarzt klärte das am Montag. Es war wirklich so. Die Trugbilder waren verursacht durch Chemie.

Sie blieb wieder mal für zwei Tage zu Hause, um mit sich ins Reine zu kommen.

Als sie wieder essen ging, empfand sie überdeutlich ihre zunehmende Hilflosigkeit. Sie konnte nur das helle Drittel ihres Tellers sehen. Rotkohl und Rinderschmorbraten mit Soße waren so dunkel, dass sie für sie unsichtbar blieben. Ein gähnendes schwarzes Loch vor ihr, in dem sie mit dem Besteck herumfuhr und etwas zu ergattern versuchte. Das Gemüse fiel hinten über den Tellerrand auf den Tisch. Sie sah es nicht.

Als nur noch die Fleisch-Scheibe dalag, schabte sie immer und immer wieder darüber und bekam nichts mehr auf die Gabel. – Ihre Tischnachbarn waren zum Glück mit sich selbst beschäftigt. Aber der freundlichen jungen Frau, die immer bediente, fiel irgendwann ihre Not auf. "Waren Sie, ich helfe Ihnen. Ich schneide das Fleisch." Sie nahm den Teller weg und brachte einen frischen mit mundgerechten Stückchen zurück. Und servierte von da an unaufgefordert nur noch zerkleinertes Essen.

"Ich benehme mich wie ein Kind", dachte Emmy und schämte sich ohne Ende.

Nicht sehen zu können ist beim Essen am allerschlimmsten. Eine Horror-Vorstellung, sich nicht mehr selbst helfen zu können! Vielleicht eines Tages gefüttert werden zu müssen! Dabei hatte sie, wie alle impulsiven Menschen, immer wieder besonders großen Heißhunger! Eine Lust, zu essen, um die sie manche alten, müde gewordenen Menschen richtig beneideten!

Was soll ich nur tun? – Der halbjährliche Augenarzt-Termin kam immer näher.

Nachts wälzte sie sich schlaflos im Bett. Sie wusste, sie hatte nur noch auf einem Auge eine ganz kleine Rest-Sehkraft, und davor schob sich die unerbittlich aufziehende Nacht des grauen Stars. – Sich jetzt, mit fast 98 Jahren, noch operieren lassen …? – Und wenn das nicht gut aus geht …?

Sie rang mit ihrem Herrgott. "Du hast die Menschen doch sehend geschaffen. Warum muss ich denn erblinden??? Gib mir doch wenigstens ein bisschen von meiner Sehkraft wieder!"

Nacht für Nacht kämpfte sie mit ihrer Angst und ihrem Gott, focht um Menschenwürde gegen Hilflosigkeit.

Und doch: Ihr Zustand verschlechterte sich von Tag zu Tag.

Letztendlich gab es für sie keine Wahl. Sie würde die Operation wagen.

Am anderen Tag musste sie ihre Tischnachbarn wie üblich fragen: "Was gibt es heute?" Sie konnte nämlich den Menüplan nicht mehr lesen. – Aber nicht ihr Appetit oder ihre Lust bestimmten die Wahl. Emmy hatte inzwischen andere Kriterien zu beachten. Sie konnte keinen Fisch mit Gräten wählen, keine Geflügelstücke mit Knochenanteilen, kein dunkles, für sie unsichtbares Essen.

Sie seufzte einmal tief, und dann berichtete sie von ihrem Entschluss. "Vielleicht kann ich nach dieser Operation wieder besser sehen …vielleicht …???

Der Beifall für ihren Mut und die Anteilnahme der anderen alten Menschen rings um sie hüllten sie ein mit Wärme.

Draußen auf dem Bürgersteig ging eine gestresste junge Mutter vorbei. Mit einer Hand schob sie einen Kinderwagen, an der anderen hüpfte ein lebhaftes Kind.

Durch die Fensterscheiben sah sie drinnen in der Cafeteria die grauen und weißen Köpfe über das Essen gebeugt. Für einen Augenblick dachte sie: "So gut möchte ich es auch mal haben! Die kommen jeden Tag an den gedeckten Tisch!"

Aus Liebe

Beim Frühstück versuchte er, mit seinen Eltern ins Gespräch zu kommen. Das war gar nicht so einfach. Sie lauschten mit Hingabe dem sonntäglichen Kirchenkonzert aus dem Radio.

Sven wartete, bis die Bach-Kantate verklungen war. Dann stellte er die Musik leise.

Sein Vater, der gerade Honig aufs Brot träufelte, hielt den Löffel in der Schwebe und blickte erstaunt auf.

Seine Mutter fragte: „Ist was?“ und sah ihn mit großen Augen an.

„Ich muss euch etwas sagen“. Sven räusperte sich. „Ich gehe von der Schule. Ich werde das Abitur nie im Leben schaffen. Es macht eh keinen Sinn.“

Mit einem „Klirr“ fiel der klebrige Honiglöffel aus Vaters Hand auf den Teller. „Das kann doch wohl nicht wahr sein!“, wetterte er. „Heutzutage bist du ein Niemand ohne vernünftigen Schulabschluss! – Und bloß, weil du dir wegen ein paar Prüfungsstunden vor Angst in die Hose machst, willst du aufgeben? Bist du denn noch bei Trost?“

Die Mutter legte besänftigend ihre Hand auf Vaters Arm. „Ich sehe schon seit Monaten, wie blass der Junge ist. Ich habe gedacht, es wäre eine geheime Liebe ...“

„Nun reiß dich mal zusammen“, fuhr der Vater einfach fort. „Du bist nicht dümmer als die Anderen!“

„Bin ich glaube ich doch“, antwortete Sven trotzig. „Für mich ist Lernen eine Qual. Denken macht mir Kopfschmerzen. Ich will lieber etwas mit den Händen tun.“

„Und was stellst du dir so vor?“

„Florians Vater hat ein Gartenbau-Unternehmen, und der würde mir eine Lehrstelle als Landschaftsgärtner geben. Das ist es! Du fühlst den Rasen unter den Füßen, du riechst die Erde, und du hörst die Vögel singen ...“ Sven schluchzte auf. Ein Weinkrampf schüttelte ihn.

Der Vater schaute fassungslos auf seinen Sohn, der sein Stolz und seine Hoffnung gewesen war, sah, wie grenzenlose Verzweiflung diesen jungen Mann, sein eigenes Fleisch und Blut, gepackt hielt. „Ich muss nachdenken“, sagte er und verließ abrupt den Raum.

Die Mutter folgte ihm.

Im Arbeitszimmer fiel er schwer auf den Stuhl am Schreibtisch, stützte beide Arme auf und sah lange Zeit mit starrem Blick aus dem Fenster.

Er wusste nicht, dass das Schluchzen im Nebenraum Wunden in seinem Innersten wieder aufriss, die er als Kind davongetragen hatte. Unbemerkt hatte er einmal als kleiner Junge seinen heiß geliebten schwerkranken Vater in Schmerz und Verzweiflung bitterlich weinen hören; er hatte mitgeweint, wohl ahnend, dass er den Menschen, den er am meisten liebte in dieser Welt, schon bald verlieren würde. Seine Trauer damals ließ die Zeit für ihn fast stillstehen.

Svens Vater wischte sich mit dem Handrücken die feuchten Augen. Verzweiflung und Weinen, er konnte es nicht ertragen.

Hilfesuchend drehte er sich um zu seiner Frau. Sie zuckte mit den Schultern und sagte nur: „Das musst d u entscheiden!“

So stand er also auf, gequält von altem und neuem Kummer, der ihm plötzlich den Rücken verspannte, ging mit schleppenden Schritten zu seinem Sohn und sagte mit erhobener Stimme: „Ich kann es mit meinem Verstand nicht tolerieren, dass du es versäumst, einen anständigen Schulabschluss zu machen“ – *Warum lässt du es denn zu?*, bohrte seine innere Stimme: *warum, warum, warum?* – „aber mit meinem Herzen halte ich es nicht aus, zu sehen, wie du leidest. Ich kann nur sagen, überlege es dir gut! Und dann tu’, was du für richtig hältst. Aber mach’ mir später keine Vorwürfe!“

Die Vorwürfe machte er sich dann selber. Das war nach zweieinhalb Jahren, als Sven ihm mitteilte, dass er die Lehre abbrechen würde.

Sie standen spätabends in der Küche neben dem Kühlschrank und hatten sich jeder gerade eine Flasche Bier herausgeholt.

„Ich will nicht mehr," sagte Sven. Die lassen mich da schuften wie einen Sklaven. Sieh dir die Schwielen in meinen Händen an! Bei Wind und Wetter sind wir draußen. Und was hatten wir für einen verregneten Sommer! Die nasse Erde, die wir bewegen mussten, war schwer wie Blei."

„Du wirst keinesfalls jetzt deine Ausbildung abbrechen! So kurz vor der Prüfung! Wie kommst du überhaupt auf so eine Idee?"

„Mein Freund, der Carl, arbeitet in der Computer-Branche. Das ist ein Geschäft mit Zukunft. Du sitzt trocken und warm und berätst deine Kunden für teures Geld." Svens Augen leuchteten. Er rückte einen Stuhl zurecht. „Komm, setz dich hin. Ich erklär' es dir. Ich brauche keine Extra-Lehre zu machen. Ein paar Seminare reichen. Dort arbeiten sowieso nur Quer-Einsteiger, Leute wie ich, die hobbymäßig viel mit dem Computer arbeiten und deshalb Bescheid wissen."

„Diesmal gibt es kein Pardon, mein Sohn! Ohne ein fundiertes Fachwissen wirst du nie durchs Leben kommen!" Der Vater presste die Hand gegen den Magen, schob die Bierflasche weg, holte sich einen Kräuterlikör und ein kleines Glas, goss es randvoll, kippte den Inhalt hastig hinunter, wiederholte den Vorgang, musste aufstoßen. Die ganze Küche roch nach Ramazzotti.

„Mein jetziges Fachwissen wird mir in meinem heutigen Beruf auch nicht helfen! Die Unternehmer stellen mehr und mehr billige Gastarbeiter aus den ost-europäischen Staaten ein. Die Männer sind belastbar und fleißig und arbeiten für 'n Appel und 'n Ei. Wer weiß denn überhaupt, ob ich nach der Lehre einen sicheren Arbeitsplatz haben werde? – Mann, du musst flexibel sein. Die alten Regeln sind alle außer Kraft." Sven sackte auf dem Küchenstuhl zusammen und fing an zu schluchzen.

„Ich muss es überschlafen", sagte der Vater. Sein Schmerz war scharfkantig und schwer. Er musste die Form haben wie ein Felsbrocken. Ich habe ein schweres Herz. Mir liegt etwas schwer im Magen. Irgendwo dazwischen lag im Augenblick seine Not.

Sven weinte stundenlang.

Die Eltern saßen aufrecht im Bett und diskutierten.

Um 3 Uhr in der Frühe erschien sein Vater in der Küche, legte ihm den Arm um die Schulter und sagte: „Letztendlich musst du tun, was du für richtig hältst.

Wir wollen nicht, dass du unglücklich wirst ..." Und während er seinem Sohn mit seiner großen Vaterliebe schon wieder den Weg frei machte, zürnte sein Verstand mit ihm und ätzte mit wütender Säure weitere brennende Wunden in seinen Magen.

In der Nacht wälzte er sich gepeinigt von Selbstvorwürfen schlaflos im Bett, Warum nur kann ich nicht konsequent sein? Meine Entscheidung geht gegen meine Prinzipien. Ich kann sein Weinen nicht ertragen.

Mit Sorge verfolgten die Eltern Svens beruflichen Weg. Anfangs hatte er Erfolg. Er war zur richtigen Zeit am richtigen Ort. Abends berichtete er mit leuchtenden Augen von seinen Aufgaben.

Aber viele andere junge Männer hatten den gleichen Fluchtweg in ihr Hobby gewählt. Sie machten sich bald gewaltig Konkurrenz. Der Druck wuchs ständig. Einerseits mussten abends, nachts, an Wochenenden und sogar an Feiertagen Überstunden gemacht werden, um Kunden zu halten. Andererseits kam wegen des Wettbewerbs weniger Geld in die Kasse. Sven wurde von Tag zu Tag mürrischer. „Ich habe keine Lust mehr", sagte er eines Samstags beim Kaffeetrinken. „Ich werde mir etwas Anderes suchen."

Dem Vater zog sich das Herz in der Brust zusammen. „Kannst du nicht e i n m a l durchhalten? Die Besseren werden sich letztendlich auf dem Markt behaupten." Er seufzte. „Ich hätte früher die Zügel strammer anziehen müssen. Ich habe versagt. Jetzt hast du dir ein Lebensmuster zugelegt, bei dem du in Abständen immer wieder aufgibst! So hast du einfach keine Zukunft, mein Junge!"

Sven sah, dass er diesmal auf Granit zu beißen schien. Sie diskutierten das leidige Thema. Die Eltern gaben nicht nach. Ein Weinkrampf übermannte ihn.

Zwölf Stunden lang hatte die Türkin, die kein tröstendes Wort verstand, vor Schmerz und Verzweiflung geschrien. Hatte sich losgerissen, als man sie mit Lederriemen am Bett festschnallen wollte. Hatte getobt und gekämpft, sich aufgebäumt, die Fäuste geballt.

Die Spätgebärende im Bett nebenan riss ihre Hände in die Luft und betete flehentlich: „Lieber Gott, hilf' mir doch!" Stoßweise stöhnte sie mit dumpfen Tönen, weinte und wimmerte.

Sie, Elena, half an diesem Tag zwei kleinen neuen Erdenbürgern auf die Welt.

Danach ging sie geradenwegs zum Kaffeetrinken zu Svens Familie, ganz nahe beim Krankenhaus.

Ihr Freund schluchzte.

Ihr Schwiegervater in spe sah sie hilflos an und erklärte, um was es ging.

„Lass' m i c h mal machen", sagte sie. „Ich bin Hebamme und von Berufs wegen gegen Weinen immun."

Sven starrte sie hohläugig und mit nassen Wangen an.

„Ich werde dir erzählen, was ich heute erlebt habe", sagte sie, setzte sich gegenüber an den Tisch, um ihm ins Gesicht zu sehen und beugte sich zu ihm hinüber. Sprach auch von Frauen, die in der letzten Stufe aufgeben wollten. „Aber du kannst kein Kind mehr zurückschicken, das auf die Welt will. Die Frauen müssen es aushalten. Und du bist ein Mann. Du wirst deine Situation auch aushalten!!!"

Sie schaffte es mit eiserner Hand, dass ihr Sven in der Abendschule sein Abitur nachholte. Dass er anschließend Informatik studierte. Dass er eine berufliche Zukunft in einer großen Firma fand. Dass der Mann, den sie liebte, schließlich den Hut vor sich ziehen konnte.

„Er ist wie ausgetauscht," sagten die Leute.

„Das danken wir seiner Frau", sagte sein Vater. „Sie ist ein Geschenk des Himmels! Sie hat wieder gutgemacht, was ich bei meinem Sohn versäumt habe."

Der Traum vom Abenteuer

Im Morgengrauen stehlen sie sich heimlich davon. Sie schieben die fertig gepackten Fahrräder aus dem Schuppen hinterm Haus und schwingen sich auf den Sattel.

Die Straßen sind noch nass von der Nacht, alle Welt ist duster und flach wie ein Schwarz-Weiß-Foto; aber in den Knaben brennt auf großer Flamme die Abenteuerlust.

Rund 10 Kilometer über den nach Regen riechenden Asphalt brauchen sie bis zum Stadtwald. Sie biegen ab, jetzt wird es beschwerlicher. Der Weg gibt federnd nach, mitunter wachsen Steine aus dem Boden, die Blätter und Kiefernnadeln am Grund sind rutschig. Singvögel, aufgeschreckt, warnen mit ungewöhnlich lautstarkem Gezeter vor möglichen Gefahren. Ein kleines pelziges Mäuschen huscht blitzschnell quer über den Weg. In hohem Bogen springt ein Eichhörnchen von einem Baum zum anderen. Die Welt lebt.

"Da drüben muss es sein", ruft Linus. Das Ziel ist der im Urwaldbereich liegende Drei-Insel-Teich. Die eine Insel in der Mitte, fast rund, so um die zehn Schritte lang wie breit, wollen sie für einen Tag bewohnen.

"Wie kommen wir dahin?", fragt Kevin bange.

Der Kleine ist erst 8.

"Badehose", sagt Linus. "Und die Klamotten in einem Plastiksack auf dem Kopf.

Sie gehen sonst oft zu einem Naturbad zum Schwimmen. Das hier ist aber anders. So gruselig einsam. Reste von Dunst wabern noch über dem Wasser; die Konturen der Bäume verschwimmen im grauen Licht des frühen Morgens.

"Los, trau' dich!", sagt der Große.

Sie setzen vorsichtig einen Fuß in das Wasser, *brr, ist das kalt!, jetzt weiter – weiter – weiter; hier ist es gar nicht tief,* wundern sie sich, sie können aufrecht hindurch waten, ihr plastikverpacktes Kleiderbündel hoch über dem Kopf haltend. Bibbernd steigen sie an Land. Im selben Augenblick zerstieben dort laut-kreischend ein paar große Vögel.

"Gibt es hier auch bestimmt keine Schlangen?", fragt der Kleine.

"Nö, nur vielleicht Blindschleichen, die tun aber nichts."

"Uaaaah!" Kevin gräbt bei seinen Sachen sofort nach den schützenden Sandalen.

"Wir könnten mal was Essbares suchen", schlägt Linus vor.

Mit gebeugtem Kopf bewegen sie sich schrittchenweise vorwärts; aber sie finden weder Klee, Bucheckern noch Walderdbeeren, die einzigen Dinge, von denen sie wissen, dass man sie essen kann.

"Oder sollen wir erst mal ein Feuer machen, um uns zu wärmen?"

Die beiden sammeln unter den drei vorhandenen Büschen loses Gestrüpp ein, viel ist es nicht.

"Hast du die Streichhölzer?", fragt Linus.

"Ich? – Wieso ich? – D u hattest doch die Idee!"

"Hmmm, dann lassen wir das."

Die beiden reißen ihre Plastiksäcke an einer Seite und unten ein, um – wie Linus sagt – eine Art Campingdecke zu gewinnen, und nun lagern sie geschützt vor Ameisen und Bodennässe mitten auf ihrer Insel.

"Wir könnten ja schon mal unser Butterbrot essen."

Danach legen sie sich auf den Rücken und schauen in den Himmel. Die Wölkchen fangen an, sich zu teilen und rosa Ränder zu bekommen. Und endlich, endlich schickt die Sonne ihre Strahlen über die Wipfel der Bäume. Zwei Wildenten flattern von irgendwoher heran. Der Erpel jagt seine Frau. Dann ist es wieder still.

"Ist das nun das Paradies?", fragt der Kleine.

"Ich habe gedacht, das wäre es", sagt Linus und seufzt. "Aber ehrlich gesagt, so andauernd nichts tun ist auch schrecklich. Auf einer Verkehrsinsel ist es wahrscheinlich spannender."

Die Vögel zwitschern ihr Morgenlied. Hummeln summen. Libellen schweben über dem Wasser. Stechmücken sirren heran. Und dazwischen 'das große Nichts'.

Der Hund bellt wie verrückt. Sein Herrchen schaut auf, drüben im Wald, und glaubt, seinen Augen nicht zu trauen.
Da waten zwei kleine Jungen durchs Wasser an Land. Über ihrem Kopf halten sie mit ausgestreckten Armen ein Kleiderbündel.
Es ist erst 10.00 Uhr.

Die genutzte Gelegenheit

Hofmann wehte in seinem grauen Kittel ins Büro und legte mit einem breiten Grinsen die mal eben privat besorgen Konzertkarten auf den Tisch. Meyer strahlte und steckte ihm einen Müsliriegel in die Tasche.

Morgens und spätnachmittags war der Hausbote sehr gefragt. Er holte die Post aus dem Schließfach, fuhr zur Landeszentralbank, um Bargeld für die Firmenkasse zu besorgen, reichte die mit der Post gekommenen Schecks vor 10.00 Uhr bei der Bank ein, damit sie noch am selben Tag gutgeschrieben würden, lieferte später diverse Bankbelege direkt an die von der Buchhaltung benannten Institute der Stadt, bei denen die Firma ein Konto hatte, und nach fünf Uhr schließlich musste er die Firmenpost einschließlich der Musterpäckchen zur Post fahren.

Die Büroleute brauchten und liebten ihn, und er genoss seine Wichtigkeit.
Eilte Hofmann draußen an den Glaskabinen der Büros vorbei, mussten sie nur von innen gegen die Scheibe klopfen. "Nicht verzagen, Hofmann

fragen", sagte er, während er die Pendeltüre aufstieß und seinen kahlen Kopf hereinstreckte. "Kann ich etwas für Sie tun?"

"Ich müsste bei diesem Wetter eigentlich mal zum Friedhof zum Gießen ..."

Er zwinkerte mit einem Auge. Kein Problem, sagen Sie mir wo, und ich radel' zwischendurch mal eben hin."

Für größere Hilfeleistungen steckten ihm die Kollegen in der Regel einen angemessenen Betrag in die Kitteltasche. Wenn jemand ungeschickt fragte, was er ihm schulde, sagte er: "Geben Sie, was Sie wollen", das brachte das meiste ein. Still hortete er seine Erträge.

Selbst der Personalchef sprach ihn eines Tages an. "Können Sie auch tapezieren? Meine Küche hat es richtig nötig."

Bereitwillig erschien Hofmann am Samstag in aller Frühe bei der angegebenen Adresse. Mittags hatte er seinen Job gemacht.

"Was schulde ich Ihnen?", fragte Geitzler,

"Nichts, nichts," sagte Hofmann wie erwartet. "Für Sie mache ich doch so was umsonst!" Und während er seinen verfleckten Kittel zusammenrollte, fügte er vergnügt hinzu: "Eine Hand wäscht die andere."

Am Montag rief Geitzler den Boten in sein Büro. "Was kann i c h Ihnen denn mal Gutes tun?"

"Ach", sagte Hofmann. "Wissen Sie, ich fahre immer mit dem eigenen Rad zur Post. Können Sie nicht dafür sorgen, dass die Firma mein Fahrrad kauft? Ich bin nämlich gerade ein bisschen knapp bei Kasse und könnte das Geld gut gebrauchen.

"Sicher, Hofmann. Das wird sofort veranlasst." – Geitzler warf einen Blick auf die hingehaltenen Prospekte. "Sie haben sogar schon Unterlagen mitgebracht, damit wir uns die aktuellen Preise ansehen können. Gut, Sie werden sich nicht beklagen müssen. Und" – die Blicke der beiden Männer trafen sich für einen winzigen Moment – "nochmals vielen Dank". Er ging die drei Schritte und hielt seinem Boten die Türe auf.

Uff. Das wäre also geregelt.

Am nächsten Tag saß Hofmann im Innenhof des Bürohauses und polierte vergnügt mitten am Tag in der Sonne seinen Drahtesel, der ihm zum Goldesel geworden war.

Nicht nur, dass er jetzt einen anständigen Bargeldbetrag in der Kitteltasche fühlte – er klopfte hin und wieder darauf, um sich zu vergewissern – nein, von nun an würde er sein Rad auch immer während der Arbeitszeit putzen.

Der Mann an der Brücke

Aus der Ferne schon hatte er ihn auf seinem Kontrollgang gesehen. Der Mann lehnte am ersten Pfeiler und schien etwas in sein Notizbuch zu schreiben.

Als er die Stelle erreichte, war der Fremde verschwunden. "Kommen Sie sofort zurück", schrie Pit nach oben. "Sie sind in Lebensgefahr!" Er bekam keine Antwort.

Die morsche Hängebrücke ächzte unter den Schritten des Unbekannten. Drunter gurgelte und schäumte der Wildbach.

"Verdammt!", fluchte Pit und kletterte die hölzernen Stufen hinauf. Die meisten Bohlen des Steges vor ihm ragten mit einer abgefaulten Seite ins Leere. Er hielt sich krampfhaft an dem hin- und herschwingenden Geländer fest und setzte seine Schritte mit größter Vorsicht. In der Mitte des Brückenstegs kauerte der Fremde am Boden. Pits Herz schlug bis in den Hals, als er ihn endlich erreichte. Er packte ihn am Kragen und zerrte ihn hoch. Dann sah er das aufgeklappte Taschenmesser in der Hand. "Sind Sie verrückt?", brüllte er und schlug ihn mit einem einzigen Kinnhaken k. o. Er hängt ihn sich wie einen Sack über die Schulter und hangelte sich auf der Seite, an der die restlichen Bodenbretter noch festsaßen, zurück, eine Hand immer am schwingenden Geländer.

Wieder an Land schlug der Kerl seine Augen auf. "Wer sind Sie?", fragte er mit schwerer Zunge.

"Ich bin hier Naturpark-Ranger", antwortete Pit. "Ich achte unter anderem darauf, dass Idioten wie Sie Verbotsschilder beachten und sich nicht umbringen!"

"Und wo ist mein Beutel?

Pit zog die Achseln hoch: "Sicher noch oben auf der Brücke." Der Mann stand langsam auf und schlug sich den Schmutz von der Hose. "Ich sammle Moose. Hier habe ich eine völlig neue Sorte entdeckt," – sein Gesicht fing an zu leuchten – "damit werde ich mir in meinem Fach einen Namen machen. –

Ich m u s s sofort meinen Beutel mit den Proben wiederhaben!!!"

"Verdammt!", stöhnte Pit.

Der persönliche Rhythmus

Im hellen Grau des Morgens lief sie auf ihrem Weg zum Büro an vielen Häusern entlang, bei denen noch die Rollläden heruntergelassen waren. Vor den verdunkelten Fenstern spürte sie jedes Mal heißen Hass auf jene, die es sich leisten konnten, im Gegensatz zu ihr den Tag nach eigenen Wünschen einzuteilen.

Es war blanker Neid, der sich als Hass verkleidete, weil ihrer Meinung nach a l l e Menschen ohne Ausnahme immerzu fleißig, pünktlich, sauber und tüchtig zu sein hätten. Wie konnte da jemand um halb acht noch schlafen?

Aber ... die Vögel zwitscherten, der Wind spielte in den Zweigen der Bäume, aus einem entgegenkommenden Auto winkte ihr der Fahrer wie jeden Morgen gut gelaunt zu. Dies waren die kleinen Freuden, die sie tief in sich hinein atmete.

Sie bog ab und eilte die Straße hinunter zum Haupteingang ihrer Firma, um möglichst früh ihre Karte einlesen zu lassen. Bei der modernen Gleitzeitregelung verschaffte ihr jede Minute, die sie morgens früher da war, am Spätnachmittag ein bisschen Gewinn.

Der Tag ließ sich an wie jeder andere. Der Hausbote kam mit dem Fahrstuhl hoch und kippte einen Wäschekorb voll Post auf ihrem Schreibtisch aus. Sie öffnete gerne die Briefe, das gab ihr eine gute Übersicht übers Ganze. Fast täglich trudelten auch Angebote zu den verrücktesten Seminaren ein, erst kürzlich war nach diesen Tipps der Marketing-Manager von der Geschäftsleitung zu einem unangenehmen Überlebenstraining verdonnert worden, sie musste lachen, ganz alleine in ihrem Raum.

Hin und wieder hob sie den Kopf und schaute durch das Riesenfenster des Büros, hoch oben über dem Niemandsland der angrenzenden Heidelandschaft, die sich bis zum großen Fluss hin erstreckte. Wolken bekamen in der Morgensonne rosa Ränder.

Bald klingelte das Telefon auf sieben Leitungen, unterbrach immerzu jede Denkarbeit, ob Übersetzung oder Ausformulierung eines Protokolls, ob Reise- oder Messevorbereitung oder das Organisieren einer Vertreterversammlung. – Quälend war es, dass sie auch in der Mittagspause ihren Platz wegen möglicher Anrufe nicht verlassen durfte. Nachdem nicht die kleinste Unterbrechung des Trotts möglich war, wurde die zweite Hälfte eines jeden Tages zur Last. Aber Frauen müssen sich eben – so oder so – aufopfern. Sophie steuerte einen ordentlichen Betrag für die Familienkasse bei.

Um 16.00 Uhr bestellte sie der Personalchef in sein Büro. Was konnte er wollen?

Es traf sie wie ein Blitz aus heiterem Himmel. Er legte ihr die Kündigung vor. „Aber warum?“, fragte sie. „Haben Sie irgendetwas an meiner Arbeit auszusetzen?“

„Nicht im Geringsten; aber wir legen unsere Verwaltung mit der Verwaltung der Schwesterfirma zusammen und übernehmen deren entsprechende Mitarbeiterin, weil sie jünger ist. Sie, Frau Wissmut, hätten ja sowieso nur noch wenige Jahre bei uns, und nun wird es eben ein vorgezogener Ruhestand, den wir obendrein mit einer Abfindung versüßen können. Sehen Sie ...“

Auf dem Nachhauseweg weinte sie leise in sich hinein. Ein Selbstbild ist wie ein Spiegel, und dieser Spiegel war mit einem Mal zerschmettert, zerschlagen in tausend Scherben. Warum trennte man sich von ihr und nicht von der fremden jungen Person? Bisher hatte sie sich als unersetzlich gefunden. Sie war tüchtig, fleißig, zuverlässig. Sie wusste viel.

„Du weißt z u viel“, sagte ihr Mann. „Von Zeit zu Zeit befreien sich die Firmen gerne von einer Person, die die Schwächen der hohen Herren kennt. Eine fremde junge Mitarbeiterin weiß erst mal nicht, wer eine Flasche Schnaps in einem leeren Ordner verbirgt, wer seine Frau unerlaubterweise auf Geschäftsreisen mitnimmt, wer die umfangreiche Korrespondenz seines Vereins während der Arbeitszeit von der Firmensekretärin abwickeln lässt ...

Jeder ist zu ersetzen. Wieder einmal musste Sophie diese Wahrheit für sich akzeptieren. Wie damals, als sie sich nach der Geburt ihres ersten Kindes bei den Kollegen abmeldete. Sie war noch einmal im Büro, um, wie versprochen, das Baby vorzuzeigen. Doch die Telefone klingelten weiter. Besucher kamen. Die ganze Maschinerie lief. Und irgendwie war sie schon im Weg. Was bleibt, ist nicht, was du im Büro geleistet hast, lernte sie damals. Auf den Grabstein werden dir höchstens diejenigen etwas schreiben, die dich geliebt haben.

... um deiner selbst willen, ergänzte sie heute in ihren Gedanken.

Was ist eigentlich mein Selbst? Mit einem Male wurde ihr klar, dass ihr ‚Selbst' bis über die Mitte des Lebens hinaus nur in Teilen zu seinem Recht gekommen war. Sicher: In jedem von ihr gebackenen Pflaumenkuchen war ein Stückchen Selbst. Oder in jedem mit Herzblut geschriebenen Brief. Und vor allem natürlich, in all den fröhlichen Stunden mit der Familie und den Kindern. Aber es waren auch große Träume und Ideen auf der Strecke geblieben. Wie viele persönliche Wünsche hatte sie während der Jahre der Pflichterfüllung unterdrückt! Frauen hatten sich für die Familie aufzuopfern, so wurde es ihr von Mutter und Schwiegermutter beigebracht. – Ein bisschen Luxus? Mal mit einer Freundin draußen eine Tasse Kaffee trinken? Ein wenig eigene freie Zeit? Das fiel beinahe schon unter den Bereich der Sünde.

In ihrem Leben würde sich wohl so einiges ändern müssen.

Wie oft war sie erschöpft und gereizt gewesen bei ständiger Überforderung. „Es ist nicht wichtig, dass d u glücklich bist, es ist wichtig, dass dein Mann glücklich ist!" hatte ihr die Schwiegermutter einmal gesagt. Ihrer Tochter würde Sophie etwas anderes vermitteln, nämlich, dass es wichtig ist, den eigenen Rhythmus zu finden. „Wenn d u Zufriedenheit ausstrahlst, ist das die wärmende Sonne für deine ganze Familie."

Dies war eigentlich gar keine neue Erkenntnis. Ihre Mutter hatte schon immer, wenn sie, Sophie, in einer Krise steckte, mit erhobenem Zeigefinger vor ihrem Gesicht herumgewedelt und mit verkniffenem Mund gesagt: „Das Wichtigste ist Zufriedenheit! Man muss immer zufrieden sein!" Aber sie hatte ihr nie beigebracht, wie man Zufriedenheit erlangen kann.

„Du musst dir hin und wieder ein bisschen Zeit und Raum nehmen für dich ganz alleine, damit du wieder Luft zum Atmen bekommst," würde Sophie ihrer Tochter raten. Söhnen musste man so etwas nicht sagen, die nahmen sich sowieso immer, was sie brauchten.

Hin und wieder schielte sie zum Stapel der noch ungelesenen Bücher. Es war Sommer. Sie stellte sich lebhaft vor, wie sie mit einer Tasse Kaffee und einem Buch in der Morgensonne auf dem Balkon sitzen würde. Die Vögel zwitschern. Hin und wieder fällt mit einem kleinen Geräusch ein Blütenblatt aus dem Blumenkasten auf den Tisch. Die Bienen summen um den Sommerflieder, der in seinem bauchigen Kübel prächtig gedeiht ...

Und dann war er da: der erste Tag ihres schließlich doch ersehnten Ruhestandes. Ihr Mann war seit Kurzem auch zu Hause.

„Beeil dich“, sagte er beim Frühstücken, „ich habe die Fahrräder rausgestellt, wir fahren an den Rhein.“ Bergab ging es ja; aber zurück, die lange Strecke bergauf, brachte sie an die Grenzen ihrer Kraft. Und dann, verschwitzt und müde, musste sie sofort in die Küche, um das Essen zu richten. Morgen, dachte sie, morgen werde ich Zeit haben zum Lesen.

Aber am nächsten Tag in der Frühe musste sie mit Alex zehn Kilometer rund um die Talsperre laufen. „Du solltest jetzt etwas für dich tun. Du hast viel zu lange im Büro herumgesessen!“, sagte er und gab das Tempo an. Wieder zuhause, war sie zu müde für alles. „Ach, für anderes hast du noch alle Zeit der Welt“, sagte ihr Mann … „Lesen kannst du immer noch.“

Am Mittwoch stand Schwimmen auf dem Programm. Alex zog mühelos zwanzig Bahnen à 50 Meter durch. Sie sah sich selbst wie eine bleierne Ente durch die Fluten dümpeln. „Macht nichts, wenn es dich anstrengt. Du kommst schon wieder in Übung!“

„Sie sehen aber schlecht aus!“, sagte eine Nachbarin, als sie sich auf dem Weg zum Einkaufen trafen. „Sind sie krank?“

„Nein, ich bin frisch im Ruhestand.“

„Ach ja, ist es nicht eigenartig, die Leute, die in den Ruhestand gehen, werden über kurz oder lang fast alle erst mal krank. Sie sollten rechtzeitig zum Doktor gehen!“

Wieder zu Hause, besah sich Sophie sorgfältig im Spiegel. Die kurz geschnittenen blondierten Haare klebten ihr am Kopf. Ihr knabenhaftes Gesicht war schärfer geschnitten denn je. Und überhaupt, mager war sie geworden. Was zehrte an ihr?

Wäschewaschen, Bügeln, Putzen, Einkaufen und Kochen standen nach wie vor auf dem Programm, und sie hatte Mühe, alles das neben ihrer sogenannten ‚Frei‘- Zeit, die plötzlich zur Sport-Zeit mutiert war und Erschöpfung nach sich zog, in den hellen Tagesstunden unterzubringen. Als berufstätige Frau hatte sie ja immer nach Bedarf noch abends und am Wochenende Hausarbeit gemacht. Jetzt aber fühlte sie die unausgesprochenen Fragen: „Wo bleibst du denn? Bist du immer noch nicht fertig?“ oder „Wie wäre es mit ein bisschen Fernsehen?“

Einmal hörte sie, wie Alex am Telefon sagte: „Samstags haben wir nichts zu tun.“

Und sonntags, dachte sie. Dann wandern wir.

Sie nahm den Jahreskalender zur Hand und machte eine Strichliste. „Was gibt das?“, fragte ihr Mann. „Ich zähle die Samstage und Sonntage und Feier- und Reisetage zusammen und addiere pro Woche noch einen Putztag und mindestens einen Tag insgesamt für meine Volkshochschulkurse, und dann überlege ich mir, wie viel Zeit ich für die Wäschepflege, fürs Einkaufen, für die Küche und 3 x täglich für das Sitzen am Tisch zu den Mahlzeiten brauche, und dann rechne ich mir aus, wie viel Zeit für mich überbleibt, am helllichten Tag, über die ich frei verfügen kann.“

Der gute Alex verstand sofort. Von nun an machte er sich jeden Morgen alleine auf zu seinem Sport. Konnte im eigenen Rhythmus radeln, laufen, schwimmen. Kam zufrieden zurück.

Und Sophie leuchtete, weil sie die lebenslang vermisste Lese-, Schreib- und Denkzeit endlich hatte.

Es ging ihr gut. Jetzt konnte sie sogar solche Leute respektieren, die ihre Rollläden erst nach halb acht hochzogen.

Nur sechs Stunden

Sie hatte es nur ein bisschen gut haben wollen während ihrer Ferienwoche. Mal abschalten. Natur pur genießen. Heute stand die Schluchtenwanderung an.

Im Augenblick saß sie auf dem knappen Felsvorsprung und ließ die Beine baumeln. Die Sonne biss sie jetzt am Morgen schon heftig in den Nacken. Unter ihr der schmale Fluss, der hier träge dahinfloss. Raubvögel kreisten über der Schlucht.

Der nächste Wanderer rückte auf. Eva musste weiterklettern. Der Abstieg führte fast senkrecht etwa 200 m tief hinunter, und die ‚Stufen’ bestanden für sie, die die Kleinste war, aus viel zu weit auseinanderliegenden Plattformen oder Felsnasen. Sie konnte den nächsten Tritt immer nur so erreichen, dass sie sich zunächst mit dem Rücken an der Bergwand vorsichtig zum Hinsetzen hinuntergleiten ließ, dann ganz nach vorne rutschte und mit Herzklopfen und weichen Knien sich mehr fallen ließ als sprang.

Mit Neid sah sie, um wie viel leichter es die langen Kerle ihrer Truppe hatten. Die wandten ihr Gesicht dem Fels zu, krallten sich in das Gestein und ließen einen Fuß auf dem sicheren Absatz, während das andere Bein sich bis zum nächsten festen Halt hinuntertastete.

Sie atmete tief durch, um nicht von ihrer Angst überflutet zu werden. Auf halber Strecke, den Rücken an den Fels gepresst, überlegte sie, ob sie nicht einfach umkehren sollte, und im selben Moment schon wurde ihr siedendheiß bewusst, dass sie alleine und ohne helfende Hand hier niemals hochkommen würde. – Die Furcht schwemmte schwarze Nacht in ihr Gehirn, ließ kompliziertes Denken nicht mehr zu. Wie in Trance, halb-bewusstlos und doch hoch konzentriert, unempfindlich gegen scharfe Kanten, Druck und Stoß, glitt, rutschte und sprang sie, wie es nötig war, und kam schließlich unten an.

Die sechs Teilnehmer der Gruppe versammelten sich am Ufer des Flusses. Evas Knie zitterten. Hier unten, am Boden der Schlucht, war es noch tief-schattig und sehr kühl. Es roch nach kaltem Wasser. Der Himmel über dem schmalen Spalt war weit weg. Eva fühlte sich wie in einer anderen Welt.

Sie mussten nun über große, glitschige Steine, die in unterschiedlichen Abständen im flachen Wasser lagen, zum anderen Ufer hinüberbalancieren. Mitunter brauchte es einen mutigen Sprung von hier nach da. Beim letzten Absatz griff Eva in einen rettenden Strauch, der am Ufer stand, und riss sich tiefe Kratzer in den Unterarm. Aber jetzt fühlte sie sich in Sicherheit, nicht ahnend, was der Tag noch alles für sie bereithielt.

Sie gingen über einen steinigen Strand bis zu einer Stelle, wo sich der Felsen halbrund und überstülpend öffnete, wie ein Musikpavillon in einem Kurpark. Hier war es dunkel, feucht und muffig. Aber genau an diesem Platz war die Pause geplant. Sie setzten sich hin, der Wanderführer breitete ein Tuch auf dem Boden aus und verteilte darauf eine große Portion Studentenfutter: Nüsse und Rosinen für alle. Sie kauerten vor der dunklen Grotte und froren, während hoch über ihnen die südliche Sonne das Land durchglühte. Verrückt.

Eva murrte leise vor sich hin. „Ich könnte jetzt gut von Wärme und Licht träumen, von Wiesen, Schmetterlingen, Bienengesumm und lieblichem Vogelgezwitscher."

Axel sah sie strafend an. „Kennst du doch alles schon! – Ich habe den Platz hier ausgewählt, weil ich euch etwas über Höhlentiere und Echsen und Schleichen erzählen will."

Das machte er dann auch so gründlich, dass sie jeden struppigen kleinen Busch in Richtung Ufernähe mit Argwohn beäugten und überall

Kriechendes und Sich-Schlängelndes fürchteten. Über der Schlucht kreisten unaufhörlich Gänsegeier auf der Suche nach Beute. Keiner der Wanderer fühlte sich wohl.

„Wir müssen weiter", sagte Axel, stand auf und stapfte, ohne sich noch einmal umzusehen, los. Es klang, als ob er über Porzellanscherben ginge. „Ihr habt noch ein paar Kilometer vor euch," rief er mahnend über die Schulter zurück.

Nach einer Weile erreichte die Gruppe eine Stelle, an der eine Eisenleiter so in den Fels geschraubt war, dass man links die Bergwand und rechts den offenen Blick zur Schlucht hatte. „Hier müssen wir rauf".

Klasse, dachte Eva. Eine richtige Leiter. Man kann sich festhalten. Und auch mal seelenruhig in die großartige Landschaft schauen. „Der Ausblick ist einfach grandios. Sieh' doch mal, wie toll!", jubelte sie am Berg ihrem vorauskletternden Mann zu.

„Ich denke nicht im Traum daran, dahin zu sehen", kam die Antwort, und dabei klammerte er sich fest ans Eisengestänge, die Nase am Berg. „Du weißt doch, dass es mir schwindelig wird, wenn ich in den Abgrund sehe."

Oben führte ein schmaler Weg sachte abwärts weiter. Schließlich erreichten sie einen Tunnel. Ach, deshalb hatten sie eine Taschenlampe mitnehmen sollen!

Der Tunnel war stockdunkel und voller Pfützen. Kalte Tropfen fielen von der Decke. Sie tasteten sich in gebückter Haltung voran. Mitunter hörte man jemanden rufen: „Achtung!" – „Aufpassen!" – „Ach herrje!" –

Draußen richteten sie sich wieder auf und rieben sich ihre Haare trocken. Zwei der Wanderer hatten nun nasse Füße. Weiter ging's.

Für den erneuten Abstieg trafen sie auf die nächste Leiter mit schmalen, steilen Eisengitterstufen. Schritt für Schritt ging es rückwärts den weiten Weg runter zur Schlucht. Eva hielt beim Klettern immer einmal inne, um sich umzuschauen, denn die Leiter überwand vorspringende Felsen und war im Ganzen nicht einzusehen. – Das Herz blieb ihr stehen, als sie auf halber Strecke plötzlich von unten einen großen Schäferhund auf sich zukommen sah. Eva hatte eine panische Angst vor Hunden. Wieder senkte sich der Furchtvorhang in ihrem Kopf und machte sie fast blind. Instinktiv hängte sie ein Bein und einen Arm nach außen, blieb nur mit einem Fuß auf der Stufe und mit einer Hand am Gestänge, und ließ den Hund und dessen arglos grüßenden idiotischen Besitzer vorbei. ‚Bumm-bumm-bumm' schlug ihr Herz.

Unten angekommen zitterte sie wie Espenlaub. „Machen wir jetzt noch ein Picknick?", fragte sie. „Nein", sagte Axel, „tut mir leid, ich habe die Tüte mit dem Proviant wohl vor der Grotte liegen lassen. Da haben wir das Studentenfutter rausgenommen. Aber unsere Wanderung dauert doch nur sechs Stunden."

„Ich könnte ihn eigenhändig erwürgen", fauchte Eva ihren Mann an. Der wusste genau, was die Stunde geschlagen hatte.
„Setz' dich erst mal hin. Du bist völlig ausgepowert.
Vielleicht versuchst du einmal über die Atmung oder eine Art von Entspannung wieder ins Gleichgewicht zu kommen?"

Ihre funkensprühende Wut erreichte auch Axel, und der war klug genug, eine wirklich lange Ruhepause vorzuschlagen. Sie saßen müde und zusammengesunken da und gaben sich dem gleichmäßigen Rauschen des Flusses hin, der hier, eingezwängt in ein schmaleres Bett, seine Stimme deutlich erhob.

Nach geraumer Zeit gingen sie im Gänsemarsch am schmalen Uferstreifen weiter. Das Tal verengte sich mehr und mehr.
Hinter der Wegbiegung entfuhr Axel ein lauter Schrei: „Leute!"

Aus dem anfangs so ruhig dahinfließenden Fluss war durch plötzliches Gefälle ein gurgelndes, tosendes Wildwasser geworden, das aufschäumend über die Ufer trat und nicht den geringsten Streifen mehr frei ließ zum Wandern.

Axel packte sein Seil aus. Alle Mann würden an den seitlichen Felsen hoch müssen, um das Wegstück zu überwinden. Es gab gerade mal Stellen für den Halt der Fingerspitzen und der Zehen. Die Stärksten vorneweg. Zwei junge bergerfahrene Männer. Sie kletterten voran, der erste verschaffte sich an einer vorstehenden Felskante einen festen Halt und streckte sich, sein Gesicht gegen den Berg gerichtet, auf dünner Kante stehend, dem zweiten entgegen, der seinerseits seine Arme spreizte und mit der zweiten Hand Axel erreichte, der Eva ans Seil genommen hatte und sie nun rufend anfeuerte: „Komm schon. Trau dich. Fass meine Hand." Die Menschenkette schob sich in kleinsten Schritten seitlich weiter, bis Eva genügend Halt fand, um den folgenden Abstieg allein zu schaffen.
Die drei Männer schoben sich wieder zurück, um dann noch die zweite junge Frau und schließlich auch Evas Mann abzuholen.

Kaum hatten alle wieder festen Boden unter den Füßen, suchte Axel den richtigen Aufstieg aus der Unterwelt. „Oben wartet nämlich unser kleiner Bus auf uns."

Der Berg sah an dieser Stelle so aus, als ob riesig hohe Felsklötze wild übereinandergewürfelt worden wären. „Da komm ich nie rauf", jammerte Eva. „Lasst mich hier unten. Für immer und ewig." Aber das zog nicht. Die Ankündigung des Busses mobilisierte die anderen sofort.

Die zweite junge Frau wurde auf dem ersten Felsblock schon ohnmächtig. Nachkommende fingen sie auf, falteten sie zusammen, damit sie eine Weile liegen konnte, sprachen auf sie ein, gaben ihr kleine Ohrfeigen, nahmen ihr Gesicht in die Hände und schüttelten es. Anschließend hoben und zogen die Männer die arme Person den Berg hinauf.

Einen Menschen so schwach zu erleben, gab Eva Kraft wie fünf Butterbrote. Mir soll das nicht passieren. Sie sammelte sich, fand einen geeigneten Einstieg, reckte sich, so weit es nur eben ging, krallte sich in die Felsen, stieß sich die Knie blutig, ratschte am Schienbein vorbei, nutzte ihre Ellenbogen, um sich in schmalen Spalten festzuklemmen, hebelte sich höher, keuchte und kämpfte und zog sich schließlich an Land.

Drüben stand der kleine Bus.

Sie hinkte hin und setzte sich auf die letzte Bank.

Keiner musste sehen, dass sie weinte.

Mitgefühl und Bilderwelt

Vor ihnen lag der lange Hinweg bergab über einen schmalen Pfad im Wald. Die Bäume rechts und links warfen in der klaren Morgensonne ihre filigranen Schatten auf den Boden.

Lea ging gedankenverloren neben ihrer Freundin her.

„Du musst ein bisschen Abstand gewinnen", sagte Anne. „Genieß' doch einfach mal den heutigen Tag!"

Der Eingang der Höhle vor ihnen schluckte lautlos die Menschen. Drinnen war es kalt und glitschig und zunächst einmal stockfinster. Vorsichtig ertasteten sich die Besucher, einer nach dem anderen, ihren Weg. Endlich öffnete sich vor ihnen eine große Halle. Lichter huschten über die Wände und verweilten an Stellen mit besonders schönen Tropfsteinfiguren.

„Bilden Sie hier ein Halbrund", rief der Führer. Er stellte sich auf eine kleine Anhöhe und erzählte Märchen und Sagen auf eine Weise, dass deren Gestalten fast fühlbar wurden, dazu ließ er mithilfe seines Schaltpultes, das er in der Hand hielt, Elefanten brüllen, Vögel zwitschern oder auch eine Hexe grässlich kreischen. Lea mit ihrem wunden Herzen ließ sich einhüllen vom Zauber des Augenblicks. Sie sank ein in weiche sanfte Dunkelheit, ließ sich im Gesicht streicheln vom gelegentlichen Empfinden der feuchten Luft und fühlte wohlig, wie die erotisch-tiefe Stimme des Erzählers ihre Härchen auf den Armen aufrichtete.

Schließlich gingen sie weiter in eine noch größere Halle. Von dort gab es für die Ängstlichen eine Abkürzung zum Rückweg. Die Mutigen aber, und dazu zählten sich auch Lea und Anne, konnten eine aus Stahl konstruierte Leiter hinaufsteigen, hoch hinauf, und oben auf eine Brücke gehen, von der sie in unergründliche Tiefen schauten, in einen See, der bodenlos zu sein schien und noch nicht erforscht war, geheimnisvoll wie die verborgenen Tiefen des menschlichen Bewusstseins. Farbige Lichter rieselten über die Seitenwände und Händels Wassermusik ertönte, als sie oben standen. Ein heißes Gefühl der Ehrfurcht vor der Herrlichkeit dieser Welt durchflutete sie. Lea atmete tief und trank sich satt an der Schönheit, bis es ihr fast das Herz zerriss.

Als die Freundinnen heruntergestiegen waren, berührte sie der Führer leicht am Arm und wies ihnen den richtigen Weg zurück. Es war ein nachtschwarzer niedriger Gang mit felsigem Boden, sie tasteten die Decke und die Seitenwände ab und stolperten mit klopfendem Herzen nach vorn zum Licht.

Es war in diesem Gang, dass Lea ganz intensiv an ihre hochbetagte Mutter denken musste. Die alte Frau konnte kaum noch sehen, nur wenig hören, hatte keinen Tastsinn und keinen Geruchssinn mehr; durch den Verlust der Sinne konnte sie sich oft nur schlecht orientieren; die Mutter war nun *immer* so hilflos, wie sie, Lea, jetzt in diesem Tunnel.

Draußen angekommen sahen die Freundinnen erst, dass der Eingang der Höhle auch der Ausgang war. Nur eine dünne Trennwand, die sie nicht wahrgenommen hatten, trennte die Öffnungen.

„Auch, wer ohne Führer durchs Labyrinth der Höhlengänge irrt, wird irgendwann einmal wieder hier erscheinen."

„Was kann denn schon passieren?" fragte Anne. Du kannst unsicher sein und dich um die eigene Achse drehen. Dann wirst du manche Wegestücke zwei Mal gehen. Tun wir das im Leben nicht auch?"

Meine Mutter irrt wahrscheinlich in ihrem derzeitigen Lebensabschnitt wie im dunklen Tunnel hin und her, dachte Lea. Mal geht es ihr etwas besser, dann sind ein paar Steine weniger im Weg. Dann geht es ihr wieder schlechter. Eine schwierige Zeit. „Komm' lass uns einen Kaffee trinken."

Sie gingen über den kleinen Seitenpfad zur Cafeteria.

„Wenn man denkt, dass der Ausgang auch der Eingang ist, und wenn man die Höhle mit unserem Leben vergleicht ..." sagte Lea und hörte nicht auf, heftig in ihrer großen Tasse zu rühren.

Anne wickelte einen Keks aus seiner Zellophanhülle. „Diese Höhle kann einem wie ein Symbol erscheinen. Der erste Gang war dunkel. Und aus dem Dunkel des Unbewussten ertastest du dir auch deinen Weg ins Leben. Dunkel und Dunkel", sagte sie und biss ins Plätzchen.

„Die Halle öffnet sich vor dir. Du spürst die Herrlichkeit der Welt. Das ist die Mitte. Im Leben fühlst du in deinen guten Jahren die eigene Kraft. Vor dir liegt das große Labyrinth der Möglichkeiten. Noch weißt du nicht, was kommt.
Du siehst es als Abenteuer. Es ist eine wunderbare Herausforderung. Alles ist möglich. – Doch nach dem Aufstieg und kurzem Verweilen auf der Höhe unseres Lebens folgt nach den unerschütterlichen Gesetzen der Natur unweigerlich der Abstieg. Das ist mir eben richtig klar geworden." Lea umschlang sich selbst mit den Armen und zog die Schultern hoch.

Anne stützte beide Arme auf den Tisch und sah ihrer Freundin ins Gesicht. „Die Höhle, die dich abgegrenzt hat gegen das große unendliche All, diese Höhle, dein Leben, spuckt dich wieder aus zurück ins All, in dem – wie das Wort sagt – *alle* Möglichkeiten schlummern.

Sie saßen eine Weile still. Menschen murmelten. Löffel klirrten in Tassen. Die Espressomaschine zischte und prustete. Das Leben in der Cafeteria lief gerade wie hinter einem Vorhang ab. Sie waren in ihrer Gedankenwelt.

Beide Frauen waren es gewohnt, große Themen miteinander zu diskutieren. Sie ließen der Anderen immer Zeit für eine Antwort.

Lea, besessen von ihrem Thema, sah starr vor sich hin und sagte wie in Trance: „Der Ausgang der Höhle. Das Ende des Lebens. —

Geblendet, die Hand schützend über den Augen, trittst du nach draußen ins gleißende Licht, fühlst, wie deine Menschenkräfte dich verlassen, wie dein Fleisch taub wird, die Schmerzen des Alters sich auflösen, fühlst nichts mehr, denkst nichts mehr, trittst ein und sinkst in das Reich der unendlich vielen schon Zurückgekehrten, die ihr eigenes Sein, sich selbst, loslassen mussten, um wieder zum All zu gelangen, wo das noch namenlose, ungedachte Ungeborene in großer Zahl schlummert für den großen Kreislauf: das Leben, das ewige Leben ...“

„Solch eine Predigt sollte mal unser Pfarrer halten! Dann könnte ich die großen Wahrheiten wieder mitempfinden und würde auch in die Kirche gehen“, sagte Anne.

Lea strich sich die Haare aus dem erhitzten Gesicht und sagte entschuldigend: „Er hat das Fach doch nur studiert. Fertige Texte holt er sich vielleicht auch manchmal aus dem Internet. Ihm öffnet das Mitgefühl für seine alte, kranke Mutter noch nicht das Herz und die Bilderwelt hier draußen.“

Altes Wissen

Vor Aufregung hatte er hektische Flecken im Gesicht. Marc kam von nachmittäglichen Erkundungen zurück, als wir anderen uns auf der offenen Veranda unseres kleinen türkischen Hotels entspannten. "Heute Nacht werden wir etwas ganz Tolles erleben!", stieß er hervor. Ich habe eine Alraune entdeckt. Die werden wir um Mitternacht ausgraben, und Ihr könnt Euch dann etwas wünschen! Alraunen haben magische Kräfte ..."

Wir bestürmten ihn mit Fragen. "Wartet es ab!", sagte er. "Ihr werdet schon sehen! – Um halb elf heute Abend treffen wir uns hier vor dem Haus."

Marc, ein hochgewachsener, von seinem Fach besessener Botanikstudent, verdiente sich im Sommer etwas Geld als Reiseleiter. Ibrahim, der junge Chef unseres Hauses, kürzer und kräftiger und so schön wie ein junger Gott, unterstützte ihn ideenreich bei diesem Job.

"Ich muss mir noch schnell einen Spaten beschaffen." Marc eilte mit Riesenschritten zum einzigen Laden des Dorfes, die Straße rauf. Es gelang ihm, zwischen Kartoffeln und Heftpflastern, schwarzer Seife und Aprikosen, zu finden, was er brauchte, und stolz schwenkte er seine Trophäe, als er zurückkam.

Um halb elf war es absolut dunkel. Wolken hatten sich vor den Mond geschoben. Die Luft war streichelweich und noch sehr warm. Wir gingen los. Zunächst nahe am Meer vorbei – hier war nur wenig Strand – die flachen, kleinen Wellen, unsichtbar in der Finsternis, schlugen leise glucksend ans Land. Dann führte der holperige Lehmpfad zu einem schilfbewachsenen Tümpel, und wir standen, eingehüllt in das Schwarz der Nacht, und lauschten dem nicht endenwollenden Froschkonzert. Wir bogen ab in den Wald. Unsere Männer ließen hin und wieder den Schein ihrer Taschenlampen über die Wurzeln tanzen; aber Marc, der lange Kerl, sagte: "Kommt einfach dicht hinter mir her. Das geht schon." Wir hielten uns aneinander fest und stolperten, aufgereiht wie in einer Polonaise, über den schmalen Weg.

Ein Käuzchen schrie, leichter Wind kam auf, die Wipfel der Bäume bewegten sich, wir sahen Wolken mit hellen Rändern auseinanderdriften; und als wir auf der Lichtung ankamen, war die Luft ganz klar, und der Vollmond ergoss sein Licht wie flüssiges Silber über den geheimnisvollen Platz. Nebenan knackte es im Gehölz.

Marc flüsterte jetzt. Wir steckten unsere Köpfe zusammen, um zu hören, was er sagte. "Wenn eine Alraune um Mitternacht bei Vollmond ausgegraben wird und dabei die Wurzeln nicht verletzt werden, dann dürfen die Menschen sich etwas wünschen. Es wird mit Sicherheit in Erfüllung gehen." – Er zeigte uns die wenigen oberirdischen Blätter der geheimnisvollen Pflanze. Dann stach er mit gehörigem Abstand ringsherum mit dem Spaten einen großen Kreis.

"Es ist noch zu früh", raunte er. "Lasst uns die Alraune beschwören, dass sie sich heil aus dem Boden löst." Er zog seine Flöte aus der Tasche, hockte sich zu uns hin, und fing an zu spielen. Schauer überliefen uns. Die Töne schwebten silberhell im Mondlicht. Mit langem Atem hauchte er behutsam Ahnung und Sehnsucht und Bitten und Flehen, ließ heilige Gefühle zu Musik werden und wie zarten Dunst zum Himmel schweben. Wie in Trance standen wir auf und traten rund um den magischen Kreis. Das Mondlicht tauchte uns in ein Jenseits der Gefühle. Wir fünf, zwei Männer und drei junge Frauen, streiften unsere Schuhe ab, meinten, mit unseren Zehenspitzen den Boden kaum zu berühren, streckten uns zum Firmament, tanzten gleitend wie Elfen in einem orientalischen Traum. Vielleicht führten uns die Geister des Waldes unsichtbar an ihrer Hand …

Wir hörten nicht auf zu tanzen, als es Mitternacht wurde und Marc zum Spaten griff. Wir umkreisten ihn mit sanften, fließenden Bewegungen;

eine unserer Frauen erhob ihre junge, klare Stimme zu einem gebundenen Gesang, der sich von Ton zu Ton weiter selbst erfand, hochschraubte zu den Sternen … Wir waren trunken von Erwartung, als Marc vorsichtig nach und nach in den Waldboden einstach und sorgfältig den Wurzelblock heraushob. Er setzte sich aufatmend hin, und begann, Krume um Krume, die überflüssige Erde zu lösen, - und dann, dann trat er in unsere Mitte und hielt sie in die Luft, die Wurzel der Alraune. Sie hatte exakt die Form eines menschlichen Wesens. "Sie ist behaftet mit magischen Kräften, die Männer und Frauen für sich nutzen können", sagte Marc. "Wünscht Euch was!!!"

Eine Weile saßen wir, jeder für sich, ganz still …

In den nächsten Tagen machte sich eine wunderbare Stimmung breit, ein gehobenes Wohlgefühl, das man in der Luft zu spüren glaubte. Wir Frauen fühlten uns gut, unsere Augen glänzten, die Haut war gut durchblutet, unser Haar schimmerte. Die Männer gingen federnden Schritts, Bauch rein, Brust raus, lachten und machten Komplimente.

Ibrahim blieb oft bei seinen Gästen stehen, um mit ihnen ein Schwätzchen zu halten …

"Hast du abgenommen, Annette, du kommst mir so schlank vor?"

"Hallo, Tabiha, wie hübsch du bist! Wir müssen heute Abend unbedingt zusammen tanzen!"

"Hey, Marc, du reitest gerade auf einer Glückssträhne! Erst findest du eine so seltene Pflanze, und jetzt habe ich geträumt, du hättest die Prüfung mit Glanz und Gloria bestanden!"

Annette nahm wirklich ab. Sie kaufte sich auf dem Markt, genauer gesagt: vom Tapeziertisch, der täglich auf zwei Böcken draußen am schmalen Strand aufgebaut wurde, aufregende Gewänder, wickelte sich da rein und wehte, oooh- und aaah-erzeugend, mit Anmut an uns vorbei.

Tabiha sah nicht mehr unter sich, wenn die Männer sie ansprachen. Sie hielt ihren Blicken stand, schickte selbst sprühende Feuerpfeile und genoss das kribbelnde Gefühl gewagten Spiels.

Marc vertiefte sich in seinen freien Stunden mit Feuereifer und Zuversicht in seine Arbeiten. Er kam gut voran.

"Der Zauber der Alraune scheint zu wirken", sagte er, als er sich eines Abends allein mit Ibrahim unterhielt. "Das ist schon eigenartig: als ob es reichte, seine Wünsche genau zu erkennen und – evtl. nur in Gedanken – auszusprechen."

"Es ist wie Bitten", sagte Ibrahim, "oder wie Beten oder wie die Beschwörung der Schamanen. 'Am Anfang war das Wort'. Das Wort lässt *wirklich* werden. Du forderst mit deinen vielleicht nur im Geheimen deutlich ausgesprochenen Wünschen von den Schicksalsmächten etwas ein! – Moderne Leute auf den Chef-Etagen der großen Firmen müssen sich ja auch ständig klar werden über das, was sie wollen, sie müssen in regelmäßigen Meetings ihre 'Zielsetzungen' laut verkünden. Ist das nicht dasselbe?“

"Und doch ist es unglaublich, dass Wünschen allein zum Ziel führen soll!"

"Das tut es auch nicht. Einen Schritt hast du vergessen. Erkenntnis deiner Wünsche alleine ist kaum mehr als ein Nebelfetzen. Wenn du denkst, *wie bin ich dick, ich möchte schlanker werden,* dann ist noch nichts geschehen. Wenn aber jemand deine Seele streichelt und dir den Glauben gibt, dass du heute schlanker aussiehst, dann ist der Anstoß da, selbst weiter dran zu arbeiten.

Ibrahim klingelte nach Tee. Kurz drauf kam Abdullah und brachte, freundlich sich verneigend, ein Tablett mit zwei kleinen Gläsern Çay.

"Bei der Geschichte mit der Alraune habe ich ein bisschen beigetragen zum Erfolg", gab Ibrahim zu. "Alle Menschen wünschen sich dasselbe, nämlich, dass es ihnen gut geht. Dicke wünschen sich Schlankheit. Schüchternen muss man den Hof machen. Männer brauchen Anerkennung. Es ist ganz einfach. Also habe ich alle ein bisschen unterstützt. Ich will ja schließlich, dass es meinen Gästen gut geht." – Er schlürfte einen Schluck vom heißen Tee. "Weißt du, du brauchst nicht nur die Erkenntnis dessen, was du wünscht, im Berufsleben nennen sie das Zielsetzung, du musst auch einen Anfangserfolg haben, der gibt dir den Glauben, der dich weiterträgt zum Erfolg.

"Das hört sich an wie ein geheimer Lehrsatz der Weight Watchers", schnaufte Marc.

"Es ist altes Wissen", sagte Ibrahim.

Die Firmenstrategie

Sein Kollege deutete auf den hochgehaltenen Telefonhörer und rief quer durch die Halle: „Du sollst mal sofort ins Personalbüro kommen!“ Das Herz schlug Klaus bis in den Hals, sein Mund wurde trocken ... – Wie viele Leute waren in der letzten Zeit schon entlassen worden! Ob er jetzt dran wäre?

Die Tür stand offen. Klaus strich seinen Kittel glatt und trat zögerlich ein. Der Personalchef deutete auf den freien Stuhl auf der anderen Seite des Schreibtisches: „Bitte nehmen Sie Platz. Ich hoffe, es geht Ihnen gut. Wie lange sind Sie eigentlich schon bei uns?"

„25 Jahre“, krächzte Klaus, den die Stimme fast verließ. Er griff sich an die Kehle und räusperte sich.

„Und wie alt sind Sie?“

„Sechsundvierzig.“

„Da haben Sie in Ihren besten Jahren auch alle die erfolgreichen Zeiten unseres Unternehmens miterlebt. Aber jetzt steckt unsere Firma wie die meisten anderen da draußen in einer tiefen Krise. Wir müssen gewaltig abspecken. Rauchen Sie?“ Personalleiter Hempel hielt ihm eine geöffnete Zigarettenpackung hin.

„Nein, danke.“ Er wedelte ungeduldig mit der Hand.
Sprich weiter, dachte er, sprich weiter!

„Die Geschäftsleitung hat mir fürs nächste Jahr wesentlich weniger Geld für Lohnempfänger bewilligt als zuvor. Da sind S i e nicht mehr drin.“ Hempel hob beschwichtigend die Hand, um Einwände abzuwürgen. „Ich habe mir etwas einfallen lassen.
Ich mache Sie einfach zum Gehaltsempfänger.

„Das verstehe ich nicht.“ Klaus blickte ihn mit großen Augen an.

„Sie sind jetzt nicht mehr Arbeiter in der Versandabteilung, sondern ZBV-Mann. ZBV heißt: zur besonderen Verwendung. Wer Ihre Hilfe braucht, wird entsprechende Weisungen erteilen. Die Koordinationsstelle ist Ihr ehemaliger Vorgesetzter, der Versandleiter. Das spielt sich schon ein ...“

„Klaus holte Luft, um Fragen zu stellen; aber Hempel erhob sich und signalisierte so, dass die Besprechung zu Ende wäre.

„Alle Ihre Fragen erledigen sich mit der Praxis“, sagte er. „Und was das Monatsgehalt angeht, so wird das festgesetzt auf der Basis des bisherigen Stundenlohnes. Fangen Sie erst mal so an ...“

Mit schlotternden Knien stand Klaus da und sagte artig: „Danke, Herr Hempel, vielen Dank für Ihre Idee.“ Er konnte ja nicht ahnen, wie teuflisch dieser Mann vorausgedacht hatte.

Draußen erst fiel ihm ein: Und die Überstunden? Was ist mit den Überstunden? Mittags in der Kantine sprach er deswegen den Betriebsratsvorsitzenden an. Der legte seine Stirn in Falten: „Nach dem Gesetz sind Angestellte verpflichtet, gelegentlich notwendig werdende Überstunden unentgeltlich abzuleisten.“ Klaus rechnete. Das würde ihm eine bittere Einbuße bescheren. An diesem Nachmittag ging er bekümmert und kraftlos nach Hause.

„Was kann man machen?“, sagte auch seine Frau. „Du bist sechsundvierzig. So leicht nimmt dich keiner mehr. Das Haus ist noch nicht bezahlt. Die Kinder gehen zur Schule. Du wirst durchhalten müssen.“

Bisher war er spätnachmittags immer fröhlich nach Hause gekommen. „Ich habe den ganzen Tag schwer gearbeitet, ich brauche erst mal eine halbe Stunde Ruhe!“, verlangte er in dem guten Gefühl, dass er sich gemütliches Zeitungslesen verdient hätte. Jetzt stand ihm das eigentlich nicht mehr zu. Er schämte sich. Denn tagsüber sagte der Versandleiter oft:

„Setz' dich irgendwohin. Ich habe nichts für dich.“ – „Aber, ich könnte doch ...“ – „Tut mir leid. Weisung von oben. Die J u n g e n sollen laufen!“

Einmal griff er sich verzweifelt den großen Besen und kehrte die ohnehin sauberen Gänge zwischen den Regalen. Bis er hinter sich einen Gabelstapler surren hörte, auf dem jetzt sein Nachfolger saß. Er sprang zur Seite. Sein Herz raste.

Er spürte, wenn er zum Nichtstun verurteilt war, lähmte das alle seine Kraft. Es war wie ein kleiner Tod.

Endlich eine Aufgabe! Er sollte den Mercedes des technischen Direktors innen säubern. Die Bespannung war vom vielen Zigarettenrauch nikotinbraun verfärbt. Das Auto ließ sich so nicht verkaufen. Dabei würde das nächste schon bald geliefert.

Die feinen Herren, dachte er, rauchen, saufen ..., und dabei kniete er auf dem Hintersitz und verrenkte sich fast, als er mit dem Spezialmittel im Lappen rieb und rieb. Als sein Rücken und der rechte Arm genug schmerzten, dachte er: Wieso bin ich eigentlich der Hanswurst der Geschäftsleitung? Muss ich mir das wirklich gefallen lassen? Ich habe doch all die Jahre meinen Job gut gemacht ...

Nach sechs Wochen, in denen er im Wechsel lähmendes Nichtstun erleiden oder erniedrigende Gelegenheitsarbeiten ausführen musste, wurde er vormittags zu einer Geschäftsleitungs-Sitzung mit dem Betriebsrat gerufen. Er war Punkt eins der Tagesordnung.

„Wir haben Sie herbestellt, um von Ihnen persönlich zu hören, wie Sie Ihren Arbeitseinsatz beurteilen. Denken Sie, dass Sie für die Firma unverzichtbar sind?“

„N e i n ..., im Augenblick ...“

„Glauben Sie, dass Sie Ihr Gehalt wert sind?“

„Nein ..., ich komme ja nicht dazu ...“

„Sind Sie der Meinung, dass eine Firma erfahrene alte Hasen dafür bezahlen muss, dass einfachste Hilfsarbeiten erledigt werden, nachdem doch der Markt voll von arbeitswilligen Billigkräften ist?“

„Nein, aber ich habe mich doch nicht ...“

„Sehen Sie, und das genau ist der Grund dafür, dass wir uns von Ihnen trennen müssen. Wir können uns keine überflüssigen Arbeitskräfte leisten!“

Auf der anderen Seite des großen Konferenztisches war der junge Geschäftsführer etwas abgerückt, verschränkte seine Arme vor der Brust, kreuzte die Beine, und verfolgte mit den Augen gleichmütig das Schauspiel. Der Finanzchef sog intensiv an der Zigarette. Der technische Leiter schenkte sich die nächste Tasse Kaffee aus der Warmhaltekanne ein. Der Exportleiter sah intensiv aus dem Fenster.

„Aber das geht doch nicht!“ schrie Klaus auf. „Ich habe mir doch nie etwas zuschulden kommen lassen. Fünfundzwanzig Jahre lang habe ich hier treu gedient, habe immer fleißig und sauber gearbeitet, Überstunden gemacht, wenn nötig, mich gut verstanden mit meinen Kollegen ... Was habe ich falsch gemacht?“
– Hempel nahm ein Plätzchen von der Gebäckschale.
Nichtbeachtet wurde Klaus lauter: „Ich habe mein Haus noch nicht abbezahlt. Meine Frau kann nicht arbeiten, muss die alte Mutter pflegen. Die Kinder gehen aufs Gymnasium und brauchen dann eine gute Ausbildung! – Hempel nahm ein zweites Plätzchen. – „Sagen Sie doch was!“, schrie Klaus.

„Ihr junger Nachfolger macht seine Sache gut.“

„Wieso muss ich einen Nachfolger haben, ich bin doch auch gut!“

„Weil die Firmenstrategie es vorsieht, dass die Belegschaft nach und nach verjüngt wird.“

„Und wer macht die Firmenstrategie?“

„Wir alle hier. Die Geschäftsleitung.“

„Schweine sind Sie, korrupte Schweine, Menschenverächter!“

„So nicht!“ Der Geschäftsführer löste seine verknoteten Arme und Beine und stand langsam auf. Zum Personalleiter sagte er: „Der Mann wird sofort fristlos entlassen.“

Klaus ertrank in der Farbe Rot. Es rauschte in seinen Ohren. Hempel fasste ihn bei den Schultern und schob ihn raus. In einem Anfall von Raserei schlug Klaus die Türe mit einem solchen Knall zu, dass drinnen die Druckwelle die Fensterscheiben erzittern ließ ...

Zwei Stunden später tauchte der Personalleiter in der Versandabteilung auf. Klaus saß auf seinem Stuhl in der Ecke.
„Ich hoffe, Sie haben sich wieder gefangen", sagte Hempel.
„Ich habe die Kündigung nicht fristlos ausgestellt. Ich wollte Ihnen für Ihren weiteren Weg ein wenig Denkzeit geben. Wir kündigen zum Quartalsende. So haben Sie noch sechs Wochen.
Hier – eine Unterschrift brauche ich noch."

„Heute unterschreibe ich nichts," sagte Klaus, zuerst werde ich Rücksprache nehmen mit dem Betriebsrat."

„Aber der Betriebsratsvorsitzende war doch mit in der Sitzung und hat Ihren Ausbruch miterlebt." Hempel zog sein Taschentuch aus der Hosentasche – unbemerkt fiel ein zerknüllter Zettel auf den Boden – und wischte sich die Stirn.
„Wir können Ihnen noch mehr entgegenkommen. Diese letzten sechs Wochen würden wir Sie freistellen."

„Nein, sagte Klaus. „Heute unterschreibe ich nichts."

Als Hempel wieder weg war, hob Klaus den Zettel vom Boden auf und glättete ihn sorgfältig. Er war eine Kopie des vorigen Tagungsberichts der Geschäftsleitung:
Zuständig: *Hempel, stand da.*
Auftrag: *kostengünstige Auflösung des Arbeitsvertrages mit Klaus M.*
Strategie: *Hier hatte Hempel handschriftlich eingetragen:*
Wir werden ihn über die Sinnlosigkeit seiner Existenz hier langsam aber sicher mürbe machen!

Über längere Zeit in die Enge getrieben, wird ein starker Charakter eines Tages kraftvoll auf der Schattenseite explodieren, und dieses Fehlverhalten nehmen wir dann zum Anlass ...

So war das also.
Klaus legte das Wertpapier in seine Brieftasche.

Hinter den Dingen

Als er das Fenster öffnete, sah er draußen, in der rechten oberen Mauerecke, ein kunstvoll gewebtes Spinnennetz im Sonnenlicht glitzern. Phil betrachtete lange die filigrane Schönheit dieses zarten Wunderwerks.

Ein kühler Windhauch streichelte sein Gesicht. Die Luft war voller Vogelgezwitscher.

Er sog in tiefen Zügen die Frische des noch jungen Tages ein, bis ihn die Luft berauschte und sein Herz schneller schlagen ließ.

Die Sonne, die erst nur die Wipfel der Bäume berührt hatte, stieg höher, traf vom Himmel nun die ganze Welt vor ihm, filterte ihr Licht durch tausend kleine Blätter der Bäume und Büsche, ließ gesprenkelten Schatten über die Wiese vor ihm wandern, lenkte seinen Blick zu dem großen Mammutbaum.

Du wirst noch stehen, wenn ich nicht mehr bin, dachte er. Dies ist der ewige Kreislauf. Blumen, Vögel, Bäume wird es immer weiter geben, für Kinder und Kindeskinder, neue Blumen, alte Bäume, alles hat seine Zeit, und über dem Ganzen, als Ewiges, wirkt das andauernde Wunder des Lebens ...

Aus seinem Moment heiliger Andacht holten ihn zankende Elstern zurück. Wüst und laut zeterten sie auf dem Rasen, balgten sich um Essbares. Er trat zurück, legte sich einen Pullover über die Schultern, und ging zum Frühstücken.

Vor Kurzem erst hatte sein Ruhestand begonnen. Phil staunte, welch neue Gedanken ihn erreichten, ihn, den Mann der Tat, der ein ganzes aktives Leben lang immer nur Notwendigkeiten gesehen und Arbeiten abgewickelt hatte. Verhandlungen, Reisen, Messen, Termindruck, ständig neue zu lösende Probleme hatten seinen Blick starr werden lassen, fixiert auf die jeweilig anstehende Schwierigkeit, das Aktuelle. Er, der Manager, war zum Ausführungsgehilfen der Firma geworden, zum Aufgaben-Löser. Und draußen lief das Leben an ihm vorbei.

Heute Morgen merkte er, wie sein Gefühlspanzer langsam dahinschmolz. Er konnte wieder sein Herz schlagen fühlen, er empfand sogar seine eigene Körperlichkeit, spürte alle Fasern des Seins.

Phil stand vom Frühstückstisch auf, spülte seine Tasse unter fließendem Wasser aus für den nächsten Gebrauch, schob mit der Hand die Brotkrümel vom Brettchen, räumte es zur Seite.

Er hatte große Lust zu zeichnen.

Er nahm Falthocker und Skizzenbuch, durchquerte seinen Garten, öffnete die kleine rückseitige Pforte, die in die Landschaft führte, und hatte nur noch wenige Schritte bis unten ins Tal. Dort schlängelte sich ein kleiner Bach tief eingegraben zwischen saftigen Wiesen dahin. Uralte Kopfweiden säumten das Ufer. Schattig war es hier. Vögel zwitscherten. Das perlende Wasser murmelte leise und strahlte Kühle ab.

Phil saß eine Weile ganz still, fühlte und atmete Natur. Dann tastete er mit Blicken einen knorrigen Weidenbaum ab, betrachtete lange die Rinde und die vernarbten alten Wunden, sah die Schönheit und Würde dieses Baumes, seinen Lebenswillen. Er sah, wie er sich tapfer geschlagen hatte durch alle Wetter des Lebens, durch Dürre und Regenzeiten, Hitze und Kälte, wie er sich bedrohlichen Stürmen entgegengestemmt hatte, schräg gewachsen war, die Wurzeln tiefer und tiefer grabend ...

Und während Phil skizzierte, dachte es in ihm, ich bin auch so ein alter Baum, habe gekämpft und ausgehalten, bin vielleicht ein bisschen schief geworden von alledem ..., und unmerklich geschah es ihm, dass er in die Konturen der Weide sein eigenes Ich hineinzeichnete, den alten Mann mit dem Gesicht, das ihm im Lebenskampf geworden war, einen gütigen Mann, der vieles weiß, und den die Enkel manches fragen könnten ...

Seine Frau kam von ihrer kurzen Reise zurück, weckte ihn aus seinem Alleinsein, weckte ihn mehr, als er je zu hoffen gewagt hätte ... Sie war begeistert von seiner Zeichnung. „Du fängst ja an, h i n t e r die Dinge zu schauen!" sagte sie voller Anerkennung. Er hatte die Betonung wohl gehört und musste eine Weile darüber nachdenken. H i n t e r die Dinge schauen!

Von jetzt an ließ er seine Blicke länger auf dem Geschauten verweilen – Früher, ja früher, war er immer nur in Eile gewesen. Da waren Bäume einfach nur Bäume, Häuser nur Häuser, Menschen nur Menschen. Den fotografischen Blick hatte er gehabt. Eine Rose ist eine Rose. Ein Kind ist ein Kind.

Die Begegnung mit seinen innersten Gefühlen an diesem Morgen und dann die Anerkennung seiner Frau öffneten ihm nun ein Tor zu einer neuen Welt: Ihm wuchs die Fähigkeit zu, Wahrnehmungen aller Art, Gehörtes, Duftendes, Geahntes, Vorausgeschautes, in seinen Bildern sichtbar zu machen.

Vorne, vor dem Haus, beobachtete er später am Tag drei zänkische kleine Mädchen wütend aufeinander losgehen. Er holte seine Sofortbild-Kamera und schoss ein Bild von ihnen. Danach setzte er sich an den Tisch und zeichnete in aller Ruhe die kleinen Weiber funkensprühend und mit Hörnern als niedliche Teufelinnen.

Bei gutem Wetter wanderte er und suchte Motive in der Landschaft. So die Brücke, die über ein tiefes Tal hinweg seine Stadt mit der Nachbargemeinde verband. Aus der komplizierten Stahlkonstruktion wurden riesengroße Hände, die sich zum freundschaftlichen Händedruck vereinten.

„Lass das nur nicht den Pfarrer sehen!“, drohte seine Frau lachend, als er am Sonntagmorgen ein Häusermeer zeichnete und darüber, im Himmel, sichtbar gemachtes Glockenläuten in Form von Lasso-Schlingen, ausgesandt von der Kirche, um die Gläubigen einzusammeln.

Hin und wieder brachte er ein Porträt zu Papier. Träume saßen wie Hüte auf den Köpfen. Bei den Mädchen waren das junge Götter, bei Architekten Hochhäuser.

Ihm würden nie mehr die Motive ausgehen!

In den Herbstferien besuchte ihn sein zwölfjähriger Enkel, der von ihm die Begabung geerbt hatte und ganz hervorragend zeichnen konnte. Ihm zeigte er seine neuesten Werke, und der Junge war begeistert.

Am folgenden Tag zogen sie in aller Frühe mit ihrem Skizzenblock in den angrenzenden Wald. Die Luft prickelte auf ihrer Haut. Vögel sangen in voller Lautstärke. Feuchter Modergeruch stieg unter ihnen auf, während sie durch das Laub raschelten. Schließlich der erhebende Augenblick, als sich die ersten schrägen Sonnenstrahlen ihren Weg durch die Bäume bahnten – „wie auf einem Heiligenbild“, sagte Phil in ernster Andacht.

Sie setzten sich hin zum Zeichnen.

Als er viel später das Arbeitsblatt seines Enkels studierte, sah er darauf – nicht mehr und nicht weniger – die akribisch genaue Darstellung eines Farnwedels, fast gut genug für ein Botanikbuch. Er dachte, so fängt es immer an: Für wie viele Jahre ist eine Rose nur eine Rose? Und ein Farn ist ein Farn.

Zärtlich verwuschelte er den Haarschopf des Jungen.

Hinter den Vorhang geschaut

"Very important!" Er hebt den Zeigefinger. "Mind is strong!" Sehr wichtig! Der Geist ist stark.

Schöne Hände hat er, denkt sie. Makellos. Keine geschwollenen Gelenke. Dabei ist er doch schon so um die 70. Irgendwie scheint seine Lehre zu stimmen; seine Energie staut sich nicht, sie fließt.

Sie stehen in ihren schwarzen Tai-Chi-Anzügen in Reih' und Glied in ihrem großen Übungsraum. Vor ihnen, klein, kahl geschoren, schlank und drahtig, extra aus China angereist, ein Meister ihres Sports. In seinem Rücken die breite Fensterfront. Frühlingssonne und Wind lassen den filigranen Schatten eines nahestehenden Baumes auf dem Parkett spielen.

Die 36 Menschen der Gruppe folgen konzentriert und völlig synchron mit sanften Bewegungen seiner ersten Übung.

Meister Chen atmet aus, zieht den schulterbreit gesetzten Fuß sacht heran, lässt die Arme langsam sinken, richtet sich auf. "Der Geist ist stärker als das Fleisch", sagt er.

Seine Schüler neigen sich ihm unmerklich zu, um sein chinesisch gefärbtes Englisch, das so ohne "r" erst immer nach einer Schrecksekunde bei ihnen ankommt, zu verstehen. Im Deutschen würden wir sagen "Schlecksekunde".

"Was war denn in unserem Universum früher da: der Geist oder die Materie? – Na, seht ihr! – Wenn ich Licht durch ein Brennglas bündele, kann ich damit etwas in Brand setzen. Wenn ich meine Gedanken durch Konzentration bündele, erreiche ich erstaunliche Dinge."

Er schaut in leere Gesichter. Sie verstehen nichts.

"Ich werde euch später zeigen, was ich meine."

Meister Chen bietet seine Belehrungen im Wechsel mit Qi-Gong-Übungen an.

Während seine Schüler noch über das Gesagte nachdenken, geht er wieder in den schulterbreiten Stand, hebt sachte seine Arme, hält seine Handflächen nach innen angewinkelt in Schläfenhöhe und verharrt lautlos atmend. Die Klasse spiegelt ihn gehorsam.

Beim üblichen Unterricht denkt Dina während dieser Meditationsübung immer, dies ist wie bei Moses mit den Gesetzestafeln. Wie lange hat er die Arme hochgehalten? Nach einer Weile fängt dann ihr Herz an, vor Anstrengung wie wild zu klopfen. Wie lange *kann* man eigentlich die Arme hochhalten? Aber hier, beim großen Meister, wird ihr Kopf ganz frei. Sie atmet störende Gedanken einfach weg. Die Arme bleiben mühelos oben.

Später fragt sie sich – mind is strong – ist der Geist, von dem der Meister spricht, etwa jegliche *positive* Kraft? Und kann diese Kraft wirklich mit Gedanken gesteuert werden? "Wenn ich meine Gedanken bündele, wenn ich mich konzentriere ...", hat er gesagt.

Eben jedenfalls sind ihre Arme ganz leicht oben geblieben, statt hinunter zu sinken, und so müsste es doch auch möglich sein, bei den zukünftigen Übungen auf einem Bein, nicht so wackelig zu stehen für die vielen Kicks beim Tai-Chi.

Durch Princeton-Studien konnte übrigens inzwischen bewiesen werden, dass die Kraft unserer Aufmerksamkeit eine reale Energie ist. Das hat sie erst kürzlich in einem Wissenschafts-Magazin gelesen. Warum hat sie diese Erkenntnis noch nie für sich zu nutzen versucht? – Aber es geht weiter. Aufgepasst!

Meister Chen winkt die Teilnehmer seines Kurses in einen Halbkreis um sich herum. Alle werden einbezogen ins Gespräch. Fragen sind zu beantworten, Fragen zum Glauben und zur persönlichen Weltanschauung. "Wie siehst du dich in der Welt? Fühlst du dich hilflos den natürlichen oder übernatürlichen Kräften ausgeliefert? Oder hast du schon angefangen, tiefer nachzudenken und Zusammenhänge zu verstehen?"

Keiner rührt sich. Eine lange Pause entsteht.

"Ich kann erst weitermachen, wenn ich eure Antworten habe", sagt Meister Chen.

Er zwingt alle, mitzudenken und sich zu äußern. Keiner wird nach diesem Seminar unberührt nach Hause gehen.

Schließlich tritt er einen Schritt zurück und sagt: "Geist ist überall um uns herum und in uns." Er spricht von etwas Unsichtbarem, Unbeschreibbarem.

Du sollst dir kein Bildnis machen ... (Du *kannst* dir kein Bildnis machen!), denkt Dina.

Er erklärt das chinesische Wort Ch'i, das eigentlich nicht zu übersetzen ist: Luft, Atemstrom, Lebenskraft, Energie …, 'das Spürbare, das nicht greifbar ist, aber in allem pulsiert'. Die Schüler sollen sich dem Ch'i öffnen, das Ch'i in sich fließen lassen.

„Und der Heilige Geist komme über euch ...", durchzuckt Dina plötzlich der nächste Gedanke und sie hält – beinahe erschrocken – die Hand vor den Mund. Ist 'unser' Heiliger Geist der heilende Geist? Vielleicht sogar Ch'i? Das Unerklärliche? Unerklärlich ist auch er.

Es ist ihr, als ob sie für den Bruchteil einer Sekunde 'hinter den Vorhang' geschaut hätte.

"Geist ist überall um uns herum und in uns. Euer Geist ist ein Teil des großen Geistes, des ewigen Erschaffers und Zerstörers."

– und Zerstörers? – Dina runzelt die Stirn. Unser Gott wird doch immer nur als *gut* dargestellt.

Meister Chen erklärt den Erschaffer und Zerstörer mit den Prinzipien von Yin und Yang,

Tag und Nacht, kalt und heiß, Mann und Frau, den Gegensätzen, die das Schwungrad des Lebens ausmachen und die Welt in Bewegung halten. Stillstand ist Tod. Bewegung ist Leben. "Ihr kennt doch alle das Symbol?", fragt Meister Chen. "Yi und Yang haben jeweils von der anderen Seite einen Punkt in sich. Im Anfang ist schon das Ende enthalten. Im Ende wartet schon der Neubeginn und alles ist fließend und in ewiger Bewegung.

Der große Geist hat die Ewigkeit geschaffen, in der alles was lebt sterben muss und alles was stirbt wieder leben wird. Dein Anteil am Großen Geist" – er schaut ihnen allen reihum ins Gesicht – "dieser Funke in dir, (Dina übersetzt für sich: Dieser *göttliche* Funke in dir) schafft dein begrenztes Leben."

Und dann denkt sie weiter: Wenn der Mensch stirbt, kehrt der göttliche Funke wieder zum Großen Geist zurück und ist immer weiter ein Teil des ewigen Lebens. – Unsere Kirche versucht, auf andere Weise diesen Trost zu vermitteln.

"Stellt euch auf zur nächsten Übung. Wir öffnen unsere Gelenke, damit das Ch'i uns ungehindert durchfließen und nähren kann."

Dina schaut nachdenklich zur Seite, wo ein netter Nachbar mit schlimmen Rückenschmerzen steht. Sie wünscht ihm von Herzen, dass er sich entspannen und durchgängig machen kann für die im Raum fast greifbare gute Energie.

"Haltet den Kopf so gerade, als ob er von einem seidenen Band, das von der Decke hängt, gehalten würde. Lasst die Schultern sinken ..."

Wir öffnen unsere Gelenke, denkt Dina. Wie öffnen wir unsere Seelen? Durch die Bereitschaft, hinzuhören und Gefühle zuzulassen. Unsere Seelen werden von großen Gefühlen berührt. Wir brauchen Emotionen. Denn: Was uns berührt, bewegt uns. Und Bewegung, innere und äußere, gibt uns Kraft, Kraft zum Leben. Stillstand wäre der Tod. Gerade ist es ihr richtig bewusst geworden.

"Wir machen nun eine Übung, bei der ihr sehr darauf achten müsst, dass eure Energie nicht blockiert wird. Das heißt: keine stramme Haltung. Nicht die Brust rausdrücken. Fuße schulterbreit auseinander. Die Arme in Schulterhöhe leicht gerundet, so, als ob ihr einen Baum umfassen wolltet. Die Knie leicht gebeugt ..."

Lockere Haltung. Dass ich nicht lache!

Jedoch, Meister Chen lässt sie so stehen. Stehen und atmen. Zehn Minuten? Hundert Tage? Bis ans Ende der Welt? Wer weiß es?

Dina hält es üblicherweise kaum aus, wenn sie für eine Übung mit leicht gebeugten Knien dastehen muss. Wie das zieht! Es ist schon seltsam: Heute ist das trotz des langen Stillhalten-Müssens überhaupt kein Problem. Das Gestrüpp der ewig widerspenstigen Gedanken löst sich auf in ihrem Kopf. Negative Kräfte, die gibt es ja auch, ziehen sich zurück und geben Raum für Kraft und Konzentration.

"Geht jetzt für eine Weile im Raum herum und spürt, wie sich völlige Entspannung anfühlt."

Bereitwillig schlurfen und schlendern sie, lassen ihre Schultern fallen, ihre Arme baumeln, ihre Hände locker gerundet. Dabei schielen sie aber vorsichtig immer ein bisschen nach vorne, um zu sehen, wann er die Pause beendet.

"Wir kommen zur äußeren Bewegung." Meister Chen erklärt die Prinzipien des Tai Chi Chuan. Jede Yin-Bewegung wird ausgeglichen durch eine Yang-Bewegung. Auf Drücken folgt Ziehen. Auf Stoßen folgt Zurückweichen. Alles zusammen ergibt ein Ganzes. So wie das Leben.

Meister Chen zeigt ihnen eine anschauliche Sequenz aus den Tai-Chi-Übungen.

Ehrfürchtige Stille, während er unendlich langsam seine runden und fließenden Bewegungen ausführt. Es ist schön wie große Musik von Bach, erhaben, vollendet, richtig, – nicht zaghaft –, die Sonne geht auf und versinkt, und wieder entsteht ein neuer Tag, der Wind säuselt in den Blättern, die Wolken ziehen, du fühlst dankbar das Geschenk und die Schönheit des Daseins …, so empfindet es Dina.

"Wir Menschen sind winzige Wesenheiten im großen Netzwerk des Universums. Wir können nicht alleine und aus eigener Kraft existieren. Was wir brauchen, ist, dass wir durchdrungen und getragen werden von der unsichtbaren Lebenskraft, die hinter der Unendlichkeit und Ewigkeit steht und die alles umgibt, die schafft, erhält, zerstört und wieder neu erschafft.

– Noch einmal bitte, schulterbreite Stellung. Knie leicht gebeugt. Hände in Schläfenhöhe nach innen gerichtet …"

Während sie stehen und atmen, zieht das zuvor Gesagte unmerklich in ihre Köpfe ein. Es denkt in ihnen, ohne dass sie aktiv denken müssen. Sie folgen seinem Muster und kommen nach einer Weile zum Absenken der Arme in Solarplexus-Höhe. Dina spürt die Wärme und Ausstrahlung ihrer eigenen Hände im Brustbereich. Nahrung für Herz und Gefühle, denkt sie. Stark!

Danach sinken die Hände in Dantian-Höhe, zu einem Kraftzentrum im Bauch, kurz unter dem Nabel. Das ist Stabilität und Standfestigkeit. Durchflutung mit Wohlgefühl.

Und wieder zurück. Solarplexus-Höhe. Schläfen-Höhe. Gebündelte Energie, spürbar und erfrischend.

"The microcosm and the macrocosm are one and the same in essence", sagt Meister Chen.

"Die Gesetze des Lebens gelten im Kleinen wie im Großen. Nach schwerer Krankheit zum Beispiel, werden wir sterben, oder, wenn es gut ausgeht, sind wir wie neugeboren. Leben-sterben-leben. Nach großen, schweren Erfahrungen brechen wir zusammen oder, so wir sie verarbeiten können, sind wir mit neuen Einsichten 'ein neuer Mensch'. Leben-sterben-leben. Wir brauchen diese Kraft. Zum Abschluss zeige ich euch an einem Beispiel, was durch die Konzentration der Gedanken erreicht werden kann. Sieben starke Männer sollen sich einmal in einer Reihe hintereinander aufstellen und mit den Fingerspitzen jeweils die Schultern des Vordermannes berühren."

Er selbst, dieser kleine alte Mann, steht eine lange Weile da, seinen Zeigefinger auf die Brust des ersten jungen gerichtet, und sammelt sich. Mit einer plötzlichen, fast unmerklichen Bewegung setzt er einen Impuls.

Die Männer kippen um wie Dominosteine und taumeln mit verdutzten Gesichtern im Fall. "Das macht die Kraft gebündelter Energie. Jetzt werdet ihr verstehen, was ich anfangs meinte“, sagt Meister Chen. Er lächelt.
Seine Schüler haben vier Stunden lang gestanden, geübt und angestrengt gelauscht. Man muss sich wundern: Am Ende gehen sie frisch und bereichert nach Hause. Die Ehrfurcht vor dem großen Meister hat ihre Herzen geöffnet, sodass sie bereit waren, heilende Energie in sich aufzunehmen und fließen zu lassen.

Mind is strong. Das, was wir mit Worten nicht benennen können, die unsichtbare Energie in uns und um uns herum ist stark. Wenn wir es denken, wird es wahr. Was wir denken, wird wahr. Wirklichkeit. Wirksam. Wirkend.

Wunder

Das wurde ein zähes Ringen mit dem Schicksal!

Die kleine alte Frau konnte sich nicht damit abfinden, mehr und mehr von ihrem Sehvermögen zu verlieren, dieser Kraft, die die Dinge da draußen anvisiert, bewertet, akzeptiert und dann verwandelt in ein eigenes Bild.

Die Natur jedoch schaute auf den Kalender und meinte, es sei an der Zeit, die kleinen Zellen in Claras Netzhaut zu verstopfen, einzuschmelzen, zu zerstören, und in dem Maße, wie ihr Lebenslicht herunterbrannte, wurde es immer dunkler um sie.

Sie war gesund alt geworden. „Das ist eine Gnade“, sagten die Leute. „Nie eine Operation gehabt? – Wo gibt es denn so etwas?“

Mit vollem Verstand musste sie nun erleben, wie ihre Sinne sich verabschiedeten: das Fühlen (über diesen Verlust sprach sie nie), das Hören (Hörgeräte linderten für lange Zeit die Probleme), das Schmecken (immer wiederkehrender guter Hunger machte alles wett), das Riechen (alte Leute haben zu trockene Schleimhäute). Aber das Sehen! Das Sehen wollte sie behalten!

Sie versuchte, die großen Überschriften auf den Reklamezetteln, die in ihrem Briefkasten landeten, zu entziffern. Studierte draußen die Aufdrucke auf den Lieferautos. Aber das war gar kein Lesen. Das war nur noch ein Raten.

Nach Jahren, in denen ihr bitterlich das bildhafte Erkennen der Außenwelt gefehlt hatte, lieferte ihr das Schicksal ‚Einbildungen'. Sie sah Trugbilder. Kutschen der Jahrhundertwende fuhren mitten durch ihren kleinen Garten.
Da war die Neueröffnung eines Obst- und Gemüseladens in Steinwurfnähe (durchaus eine gute Idee). Eine Haltestelle für städtische Busse wurde eingerichtet (so wäre es für viele Leute bequem). Alles nicht wirklich. Sie verteidigte erbittert, was sie wahrgenommen hatte, für sich also für ‚wahr' halten musste.

Sie sah immer weniger, griff eines Tages ins Leere, als sie sich am Tisch abstützen wollte, fiel hin. Von da an ging sie langsamer, tastete sich an den Möbeln vorbei, aber das war nur eine Farce, denn sie ‚fühlte' ja längst nichts mehr.

Am Spätnachmittag ließ sie sich jetzt schon von ihrer freundlichen Haushalthilfe, die sie zuvor mit Butterbrot und Tee versorgt hatte, zu Bett bringen. „Dann bin ich wenigstens in Sicherheit und falle nicht hin. Manchmal wird mir ja auch ein bisschen schwindelig ..."

Natürlich konnte sie so früh nicht schlafen und fing an zu denken ... Solange ich lebe, muss ich doch auch leben k ö n n e n. Sehen ist leben. Vielleicht geschieht ja ein W u n d e r?

Ihren Kindern tat es in der Seele weh, mit anzusehen, wie die Mutter auf dem Scheiterhaufen der Verzweiflung brannte.
Doch das Schicksal, das den Schmerz vorsieht, liefert zur gleichen Zeit auch die Betäubung: Die Hoffnung auf ein Wunder ließ sie durchhalten.

Clara nahm pünktlich und regelmäßig die Medizin, die ihr für ihr schwächer werdendes Herz verschrieben war, und dachte, Medizin, die ich fürs Allgemeinbefinden bekomme, kann doch auch gut sein für die Augen. Viele Male am Tag testete sie das Ergebnis. Angestrengt schaute sie aus dem Fenster. Hinter ihrem kleinen Garten mit der im Winter kahlen Hecke war ein Neubaugebiet erstanden. Man hatte ihr immer von dem Baufortschritt erzählt, und jetzt, machte sie sich ein Bild von ihrem Gegenüber (keiner würde je wissen, wie dieses ‚Bild' aussah).

„Lies mir noch mal alte Briefe vor", bat sie ihre Tochter. Doch dann mochte sie nicht lange zuhören, redete immer dazwischen. Sie hatte nicht nur Sehen, Hören, Riechen, Schmecken und Tasten verloren, sondern auch Geduld und Konzentration, sprang in ihrem überstrapazierten Denken immerzu hier- und dorthin. Menschsein ist so schwierig!

So viel Fragen waren jetzt zu beantworten! „Ich kann ja nichts sehen!"

Wir brauchen alle Erkenntnis. Innen und außen. Wir müssen die Dinge erkennen. Wir wollen das Wichtige erkennen:
Wo komme ich her? Warum bin ich hier? Wo gehe ich hin?
Warum bin ich hier? Diese Frage gab es für Clara allerdings nicht. Sie dachte eher: „Ich bin hier! Und wenn ich hier bin, will ich auch hier sein!" Und mit beispielhafter Energie fuhr sie fort, für sich zu kämpfen.

Den Zufluchtsort, um sich von ihren Mühen und ihrer Not, zu erholen, hatte sie gefunden. Wenn sie alleine war, zog sie sich in ihre geheime Gefühls- und Gedankenwelt zurück.
EIN WUNDER MUSS GESCHEHEN! EIN WUNDER WIRD GESCHEHEN!
IMMER WIEDER IN DER GESCHICHTE DER MENSCHHEIT HAT ES WUNDER GEGEBEN! Eins der zukünftig fälligen Wunder beanspruchte sie für sich!

Als sie wochen- und monatelang fast zähneknirschend so gedacht hatte, gewissermaßen mit der geballten Faust in der Tasche, allzeit bereit, ihre berechtigten Ansprüche vom Schicksal einzufordern, entschloss sie sich schließlich ermattet von aller Anspannung, diesen Auftrag an den lieben Gott weiterzugeben. D u kannst doch Wunder tun! D u kannst es doch!!!

Sie lehnte sich mehr und mehr zurück und ‚ließ geschehen'.
Das war die Zeit, in der die Kinder fanden, dass sie so entspannt war wie noch nie zuvor. Eine wunderbare leichte Heiterkeit umschwebte sie. Sie hatte sich gelöst von ihrem eigenen ‚Ich' und nahm Anteil an allem ringsherum. Dachte mit Liebe an Kinder, Enkelkinder und Urenkelchen. Es war schön, mit ihr zusammen zu sein.

Ihre Anwesenheit wurde fast gewichtslos und transparent, sie war da, wie ein leichter Hauch, ein Mensch, der bleischweres, quälendes Wollen aufgegeben hatte und nur noch sein Hiersein aufzehrte, so wie sich Morgennebel unter der aufgehenden Sonne langsam auflöst.

Die Wintersonne des hohen Alters würde erst spät aufgehen. Clara und allen, die sie lieb hatten, blieb noch etwas von dieser köstlichen Zeit ...

Rosen für die Alten

Sieben Jahre nach dem Tod seiner Frau wagte er noch einmal eine große Reise.
Richard war jetzt 78, schon etwas schwerfällig beim Gehen, und wer wüsste denn, ob er in Zukunft noch die Kraft besäße, sich seinen Jugendtraum zu erfüllen, St. Petersburg, die Stadt seiner Vorväter, mit eigenen Augen zu sehen.

Er saß mit dem Rücken zur Wand an einem kleinen Tisch auf dem Promenaden-Deck, vor ihm ein langer Gang, die Reling, das glitzernde Meer, hinter ihm, an der Außenwand des Musiksalons, das Schild 'Walk a mile, 4 x rund ums Promenadendeck macht eine Seemeile'. Viele Leute machten Meilen.
In unregelmäßigen Intervallen warfen sie vorbeimarschierend Schatten auf sein Gesicht.

Er rührte in seinem Kaffee. Im Reisebüro hatte man gesagt, der einfachste Weg nach St. Petersburg zu kommen, wäre für ihn mit dem Schiff. "Buchen Sie eine Kreuzfahrt, dann haben Sie keine Arbeit mit Kofferschleppen. Ihr Zimmer ist praktisch immer dabei. Sie werden wunderbar versorgt. Es gibt eine Menge Abwechslung. Und über die Ausflüge brauchen Sie sich keine Gedanken zu machen. Alles ist geregelt. Gerade in Russland ist das wichtig!" Das klang überzeugend.

Achthundert Gäste waren an Bord, und trotzdem blieb er ganz allein. Allein in der Menge. Er hatte noch keinen Menschen getroffen, mit dem er seine Träume teilen konnte.

Im Speisesaal für Raucher hatte man ihm einen Platz an einem runden Achter-Tisch zugewiesen. Ihm gegenüber saß eine verhärmte Witwe, die vergangenen Zeiten mit ihrem Mann nachtrauerte, und dann waren da drei alte ewig nörgelnde Ehepaare, Heimat-Vertriebene, die das Schicksal bitter gemacht hatte. Nichts Heiteres. Aber kann man das unbedingt erwarten?

Richard schob den Stuhl nach hinten, legte eine Hand in den Rücken und richtete sich ächzend auf, wartete eine Weile, bis alle seine Knochen wieder richtig aufeinander passten, und ging langsam um die Ecke zum offenen Café auf Deck, wo er sich ein zweites Stück Kuchen holte. Er mochte es, Süßes auf der Zunge zu schmecken, während er seinen Gedanken nachhing. Dann kam er zurück zu seinem Platz.

Jemand hatte das wärmende Stuhlkissen weggenommen – und im ersten Augenblick fühlte sich der Plastiksitz unangenehm kalt an. Ständig waren Kissendiebe unterwegs. Beim nächsten Mal stecke ich mir eine eigene Unterlage in die Jackentasche, dachte Richard, und dann: Aber ein nächstes Mal wird es nicht geben, ich bin schon zu alt. Egal, jetzt freue ich mich einfach auf St. Petersburg. 'Die alte Zarenstadt', fiel ihm ein, und 'das Venedig des Nordens' … Er hatte sich zuhause gründlich informiert über die Geschichte der Fünf-Millionen-Stadt, zweitgrößter Stadt Russlands, dem sogenannten Tor zu Europa. Bildbände hatte er sich ausgeliehen, die Ansichten kanaldurchzogener Straßen mit endlosen Reihen prachtvoller Bauten studiert, die Fassaden sollten jetzt, zur Dreihundertjahrfeier der Stadt, alle frisch gestrichen sein, oft zartgelb mit weißem Stuck, oder blassgrün, wässrig-himmelblau, dann wieder leuchtend-sonnenblumengelb-und-weiß. Er freute sich auf den Anblick goldglänzender Kuppeln der Kathedralen. Ein bisschen wird das für mich sein, wie ein Märchen aus tausendundeiner Nacht … Richard war im Traumland. – Seine Augen fielen zu, der Kopf nickte vornüber. Sein Körper vibrierte mit dem Schiff, dem Generator, der Klimaanlage, der ewig röhrenden Technik, und im Schlaf fühlte sich dieses Vibrieren an wie das Beben des Entzückens, das Erschauern vor unendlicher Größe und Schönheit, das ihn noch einmal – und dazu brauchte es St. Petersburg – durchfluten sollte.

Richard schlief unruhig in der folgenden Nacht. Das Schiff wiegte ihn mit seinem großen Atem in Zeitlupe von rechts nach links und wieder zurück. Schließlich gab er sich der Bewegung hin. Dachte sich in eine Hängematte.

Schon vor dem Weckerklingeln war er wach, knipste das kleine Licht in seiner fensterlosen Kabine an, griff zur Fernsteuerung des Fernsehers und versuchte, auf dem Monitor die aktuelle Position des Schiffes auszumachen. Bald müssten sie doch da sein.

Er konnte nichts erkennen, die Mattscheibe war milchig-grau. Auch als er die Brille aufsetzte, sich aus dem Bett quälte und barfuß ganz nah an den Bildschirm ging, konnte er nicht *mehr* sehen.
Später fuhr er mit dem Lift zum Promenadendeck und stellte fest, dass dichter Morgennebel das Schiff einhüllte. Der zarte Dunst, noch kalt auf der Haut, war durchdrungen von hellem Morgenlicht mit einem Hauch von Rosa. Sicher würde der Tag schön werden!

Im Speisesaal zog der Kellner schon den Stuhl zurück, als er ihn kommen sah, ließ ihn Platz nehmen, legte ihm die mit gekonnter Handbewegung aufgeschlagene Stoffserviette über den Schoß, brachte unaufgefordert den Kaffee und ein Glas Orangensaft, fragte nach Extrawünschen und zog sich zurück. Richard genoss den Service. Die Philippinos waren alle sehr liebenswürdig und gut geschult. Im Hintergrund artikulierte gerade einer von ihnen immer und immer wieder: "Guten Morgen, der Herr. Haben Sie gut geschlafen? Guten Morgen, der Herr … "
Richard drehte sich um. Der kleine dunkelhäutige Mann sprach gegen einen Vorhang und übte seine deutschen Phrasen.

Per Lautsprecher wurden die Gäste über den Stand der Dinge informiert. Der Lotse war an Bord. Der Nebel löste sich langsam auf. Man würde mit geringer Verspätung in St. Petersburg einlaufen und deshalb die Ausgehzeit etwas verlängern. Kein Verlust für die Reisenden. „Einen wunderschönen Tag wünschen wir Ihnen allen!“

Natürlich brauchte das Aussteigen seine Zeit. Jeder, der laufen konnte, ging von Bord. Vor dem Schuppen, in dem die Pässe kontrolliert werden sollten, stand eine Gruppe von uniformierten Blechbläsern und spielte die deutsche Nationalhymne.

"Arme Schweine sind das", sagte jemand hinter ihm. "Die spielen freiwillig und leben von den Münzen, die man ihnen spendet."

Viele Busse standen bereit, und die Ausflüge konnten beginnen.

Einsteigen, aussteigen, Fassaden bewundern, Kirchen von außen, Kirchen von innen. Fotopause, Zigarettenpause, die andere Luft zum Atmen, Sonnenlicht auf goldenen Kuppeln und glitzernden Wasserflächen, frisches Grün an den Bäumen, Menschen in ihrem Alltag, Marktstände, Touristenstände, eine halbe Stunde selber herumlaufen dürfen. Was ihn und den Mann, der neben ihm in Bus gesessen hatte, und der ihn begleitete, besonders interessierte, war, die Bedeutung der russischen Ladenschilder zu erraten. Hin und wieder gab es einen Hinweis in Englisch, z.B. "Wir vermitteln Ihnen Damenbekanntschaften für eine Stunde, einen Tag, für immer … "

"Die sind auch ganz modern", grunzte sein Begleiter. "Nicht anders als im Westen."

Das Mittagessen für die Gruppe war im ASTORIA geplant. Beide Männer genossen es sehr. "Da kommst du in ein ganz normales großes Haus und innen drin sind die Räume riesig hoch und weit …

Lichtdurchflutet. Mit weißen Marmorstatuen. Echte Palmen im Wintergarten." Der andere Mann sprach mit sich selbst.

Richard und er nahmen Platz an einem festlich gedeckten runden Tisch, andere Gäste rückten dazu. In Russland trinkt man die harten Getränke nicht nach, sondern v o r dem Essen, hatte man sie instruiert. Als die Suppe kam, hoben sie ihr großes Wodka-Glas und prosteten sich fröhlich zu. "Ich heiße Wilhelm", sagte der andere.

"Und ich bin Richard."

Nach dem Essen wurde Kaffee oder Tee in wunderschönen blau-weißen Tassen mit Goldrand serviert. "Petersburger Manufaktur", sagte Wilhelm. Richard prüfte unauffällig den Stempel unter der Untertasse und nickte zufrieden.

Auf einem Podest nahmen junge Musiker in landestypischer Tracht Platz und spielten und sangen. Richard und Wilhelm lehnten sich zurück, schlossen die Augen und ließen sich tragen auf den Wogen gefühlvoller Musik.

Am Nachmittag, im Peterhof draußen vor den Toren der Stadt, folgten sie einer Führung durch den Palast. Es gab nicht wie üblich Filzpantoffeln, sondern sie mussten ihre beschuhten Füße in kleine klebrige zipfelig geschweißte Plastiksäckchen verpacken und so hinter der Führerin herschlurfen, die ihr Programm zügig durchzog. "Die arme Frau", sagte Wilhelm. "Eine Busladung Menschen nach der anderen. Pausenlos. Tag für Tag. Aber sagenhaft, wie die das organisiert haben."

Draußen hatten sie frei. Genossen die Schönheit, nein, fühlten fast körperlich die Schönheit, waren im wahrsten Sinne des Wortes 'be-ein-druckt', fühlten, fast wie einen Druck auf der Brust, die Großartigkeit der mit Wasserläufen, Kaskaden, Springbrunnen und Skulpturen gestalteten Gartenanlagen. Atemberaubend!
Peter der Große hatte auch bei ihnen sein Ziel erreicht. Ehrfurcht stand ihnen ins Gesicht geschrieben.

"Vielleicht ist es so, dass Größe sich nur erhalten und ausbauen lässt, wenn sie Eindruck auf die Kleineren macht. Größe braucht, um immer weiter zu bestehen, als Nahrung Glanz und Gold und Schönheit und Raum und Kunst, braucht ständige Überhöhung." Wilhelm rieb sich die Schläfe. "Denk doch nur an die Kirche … "

Nach dem Abendessen gingen die beiden Männer in die Piano-Bar an Bord und philosophierten weiter.

Den großen Gala-Abend im Jusupov-Palast hatten sie gebucht für den nächsten Tag. Festliche Kleidung war erwünscht. Richard legte schon nach dem Frühstück alles aufs Bett. Ließ sein weißes Hemd noch einmal aufbügeln. Freute sich.

Und wieder öffneten sich vor ihnen, simsalabim, Traumtüren in – wie es schien – einem ganz normalen Haus, das klassisch und ebenmäßig in der Straßenreihe stand. Richard und Wilhelm traten ein und schauten auf eine breite Treppe, die nach oben führte. Rechts und links auf den Stufen standen Personen in Rokokokostümen. Mit behandschuhten Händen und freundlich geneigten Perückenköpfen wiesen sie den Gästen den Weg. Ein Mozart-Menuett ertönte.

Als sie um die Biegung der Treppe kamen, entfuhr den Besuchern beinahe im Chor ein "Ooh!". Von hoher Decke hing ein riesenschwerer, prachtvoller Kristall-Leuchter, in dem sich tausendfach das Kerzenlicht spiegelte, das den Musikern auf dem oberen Podest die Notenpulte erhellte. Das Bild war überwältigend. Richard griff sich an die Brust. "Das ändert sogar meinen Herzschlag", sagte er.

"Ja", antwortete Wilhelm leise, "es ist ergreifend", und er wischte sich eine Träne aus den Augen, weil er an seine Frau dachte, die das alles nicht erleben konnte, da sie zu Hause krank im Rollstuhl saß.

Später wurden ihnen Sekt und Kaviar-Canapés angeboten, ein Showprogramm mit Musik und Tanz, dann eine Führung durch den Palast – welche Pracht, welcher Ideenreichtum! – Der Herrentrakt mit dem riesigen mit Mosaiken geschmückten orientalischen Raum, in den die Männer nur in Gewändern des Morgenlandes gekleidet gingen und in dem sie, ganz echt, Wasserpfeife rauchten und sich sicher ein schönes Programm gönnten.

"Die haben doch bestimmt vollbusige junge Frauen in durchsichtigen Schleiern hier tanzen lassen", meinte Wilhelm.

Leider mussten die beiden Männer immer, wenn sie etwas Tolles andachten, schon weitergehen. Da war auch noch ein Extra-Trakt des Palastes für junge noch unverheiratete Erwachsene der Familie geplant. Hier gab es zum Beispiel ein Spiegelkabinett mit versteckten Türen, die in geheime andere Räume führten oder nicht; – wie werden sie gejuchzt und gekreischt haben, die jungen Frauen, wenn die wilden Spiele losgingen!

"Ich möchte noch mal zwanzig sein", summte Richard. "Mann, hier kannst du richtig neidisch auf die Kerle werden!"

Schließlich gab es im hauseigenen Theater, das hundert Leuten Platz bot und so wunderbar rot-plüschig war wie die Pariser Oper, ein Konzert mit Opernarien. Russische Sänger, russische Seele. Es ging unter die Haut.

Am nächsten Tag ruhten sich die beiden Männer aus. Nachmittags war ihnen nach Kaffee zumute. Zum Kaffee- oder Teetrinken gab es keine festen Tischplätze, die Gäste setzten sich wie sie kamen.

Richard nahm sich zwei kleine Sandwiches. Wilhelm wählte ein Stück vom Diabetiker-Kuchen, und sie rückten auf. Ihnen wollten die Augen beinahe überquellen, als ihnen eine alte Dame mit drei großen Stücken Torte folgte. Der Schwarzwälder Kirsch war, weil zu hoch, umgekippt. Gegen die Fahrtrichtung stand ein Frankfurter Kranz. Unten quer lag, zusammengeschoben und als Trümmerhaufen, eine ehemals luftige Himbeer-Sahne-Torte.

"Unästhetisch", sagte Richard. Wilhelm stieß ihn in die Seite. "Widerlich", fuhr Richard fort. "Können wir weitermachen mit unserem Vokabel-Spiel? Wie heißt 'widerlich' auf Englisch? Und gierig?"
Die Frau merkte überhaupt nichts. Unbeeindruckt fuhr sie mit ihrer Kuchengabel in den Trümmern hoher Konditorkunst herum. Nach zwei Stücken wurde sie dunkelrot im Gesicht und bekam einen Schluckauf.

Richard wandte den Kopf weg und zwinkerte zu seinem Freund: "Hast du heute Mittag auch alle sechs Gänge gegessen?" Wilhelm stieß ihn wieder an: "Klappe!"
"Dabei ist hier das Frühstück schon nicht ohne. Heute habe ich mir zusätzlich kross gebratenen Speck und ein Rührei mit Pilzen kommen lassen. Hmmm."

Die Frau stieß einen unfeinen Rülpser aus. Danach machte sie weiter.
Ungerührt. Wie allein auf einer einsamen Insel.

"Als ich noch jung war, habe ich mal eine Frau in einem Holiday Inn gesehen, die hat so viel vom Frühstücksbüfett gegessen – ist ja alles bezahlt –, bis sie beim Sitzen nicht mehr den Knick zwischen Bauch und Beinen hinkriegte. Die mussten sie schräg anlehnen." Richard konnte einfach nicht aufhören.

Die Frau schien nichts mitzubekommen. Sie war in zu hohem Maße mit sich selbst beschäftigt. Inzwischen war ihre Gesichtshaut, großporig und aufgeschwollen, schon nahezu violett.

Wilhelm stand auf und sagte leise: "Jedenfalls möchte ich nicht dabei sein, wenn diese Frau gleich umfällt." Er ging geradewegs an die frische Luft.

Elf Etagen hatte das Schiff, und ganz unten war das Kino. Als sie es nach der Abendvorstellung verließen, gingen sie an Kabinen vorbei, die sie noch gar nicht kannten. "Sieh mal, hier ist er also, der Schiffsarzt", sagte Wilhelm. Daneben die Türe war einen Spalt breit offen."Ob das die Krankenstation ist? Mal sehen ... " Er öffnete die Türe zu voller Breite, und im gleichen Augenblick blieb ihnen beiden das Herz fast stehen. Da lag bei kleinem Licht die Kuchenesserin ausgestreckt auf einem Bett, die Hände gefaltet, eine rote Rose und die aufgeschlagene Bibel auf der Brust.

"Tot", sagte Wilhelm, und alle Farbe verließ sein Gesicht. Er schlug ein Kreuz.

Sachte lehnte er die Türe wieder an.

Durch Plätzetausch, die verhärmte Witwe hatte sich widerstandslos verschieben lassen, saßen die beiden Männer auch zu den Hauptmahlzeiten gemeinsam am Tisch. Richard drehte gedankenverloren die kleine weiße Vase mit dem kümmerlichen Stängel einer langsam welkenden Aster und schaute auf. "Haben wir eigentlich keine anderen Blumen hier an Bord?," fragte er den Kellner.

"Wir haben auch Rosen im Kühlraum, aber nur wenige, die halten nicht so lange, und ein paar brauchen wir immer für besondere Fälle."

Richard drehte den Kopf fragend im Raum. Ich sehe hier weder Romeo noch Julia noch eine feurige Carmen. Bei dieser Reise sind doch fast nur alte Leute unterwegs."

"Ja, und dafür müssen wir immer ein paar Rosen aufheben!"

???

Für den Bruchteil einer Sekunde trafen sich die Blicke der Freunde.

Wilhelm schluckte. "Verstehe", sagte er und machte wieder das Kreuzzeichen.

Richard rieb sich die Gänsehaut auf den Armen und bestellte für jeden einen doppelten Wodka.

Die Männer schwiegen.

Lautlos verschwand der Kellner, unauffällig glitt er kurz darauf wieder an den Tisch und hob mit zurückhaltender Noblesse die großen Gläser mit der klaren Flüssigkeit von seinem Tablett. Der dicke rote Teppich schluckte auch jetzt seine Schritte, als er sich zurückzog.

"Mein Freund", sagte Richard, als er das Glas hob. "Ich bin so froh, dass ich dich kennengelernt habe, jemanden, mit dem ich reden konnte und mit dem ich gemeinsam etwas erleben durfte. Und ich bin dankbar für diese wunderbare Reise. Hoffen wir, dass wir beide noch ein paar Träume verwirklichen dürfen! V o r der letzten Rose! Prost!"

****